바잉오가

류성의 제약국부론

돌파
구다

바이오는 총론은 만인이 이구동성으로 동의하지만, 각론은 천차만별인 독특한 사업 분야다. 바이오산업이 한국 경제를 선도할 중추적인 미래성장동력이라는 데는 모두 이의 없이 찬성한다. 하지만 미래성장동력으로서 잠재력이 언제 현실로 구체화될지, 그 시점을 둘러싸고는 여전히 백가쟁명이 벌어지고 있는 상황이라는 얘기다.

바이오산업을 다년간 현장에서 밀착 취재해온 필자가 판단하건대 바이오가 명실상부한 한국 경제의 핵심 산업 분야로 자리매김하는 시점은 앞으로 얼마 남지 않았다고 단언한다. 요컨대 9부 능선을 넘어 정상 정복을 눈앞에 두고 있는 형국이다.

한국 바이오산업의 생태계는 지난 1990년대 말 김대중 대통령이 대대적으로 바이오 씨앗을 뿌리면서 태동했다. 이 당시 정부가 바이오벤처 창업을 전폭적으로 지원한 결과, 우후죽순으로 수많은 바이오기업들이 탄생했다. 강산이 두어 번 바뀌어 20여 년이 흐른 지금 그때 뿌린 씨앗은 본격적으로 열매를 맺기 시작하고 있다. 바야흐로 바이오산업에 있어 고대하던 결실의 시간이 마침내 열리고 있는 것이다.

바이오는 이전까지 실체가 없이 꿈을 먹고 성장하는 산업이라는 인식이 강했다. 하지만 최근 들어 잇단 대규모 글로벌 신약 기술수출, 자체 신약 상용화, 글로벌 경쟁력을 갖춘 의료기기업체 등의 등장으로 이제는 바이오가 더 이상 허상이 아닌 실체가 있는 비즈니스로 본격적으로 재평가받고 있다.

K바이오가 한국 경제의 핵심 성장동력으로 확실하게 자리매김하게 되는 신호탄은 글로벌 블록버스터 신약 탄생이 될 것이다. 약 하나로 글로벌 매출 1조 원을 넘기는 블록버스터 신약은 그 자체가 바이오산업의 무궁한 시장잠재력을 입증한다.

한국 제약산업은 업력이 다른 어느 산업보다 장구해 100년이 넘어서지만 그간 글로벌 블록버스터 신약은 단 1개도 배출하지 못하고 있는 초라한 처지다. 100여 년 K바이오 역사는 글로벌 블록버스터 탄생 전후로 구분될 정도로 상징하는 바가 크다.

무엇보다 다수의 글로벌 블록버스터 신약을 보유하게 되면 그 자체가 곧 한국이 제약강국으로 도약하는 데 성공했다는 것을 의미한다. 제약강국으로 진입하게 되면 세계 의약품 시장에서 K바이오를 바라보는 시선도 크게 달라질 것이다. 그렇게 되면 K바이오 가운데 현대자동차, 삼성전자처럼 세계시장을 쥐락펴락하는 글로벌 바이오기업으로 도약하는 사례도 잇달아 생겨날 것이다. 특히 현재 K바이오가 세계 의약품 시장에서 차지하는 점유율이 1%를 조금 웃도는 수준이라는 점을 감안하면 바이오산업의 성장잠재력은 그야말로 무궁무진한 상황이다. 세계 의약품 시장은 무려 1,800조 원에 달한다.

필자는 한국이 하루빨리 바이오강국으로 도약하길 바라는 마음에서 이 책을 저술했다는 점을 밝히고 싶다. 다년간 바이오업계를 취재하면서 평소 중요하다고 생각하는 내용을 전파하기 위해 '류성의 제약국부론'이라는 제목으로 칼럼을 써왔다. 이 책은 이 칼럼을 바탕으로 했다. 그러다 보니 일부 저술 내용은 현재 시점에서 보면 다소 차이가 있을 수 있으니 감히 독자들의 너그러운 양해를 바란다.

끝으로 대학 생활을 하고 있는 사랑하는 딸 지나와 오늘의 내가 있게 해준 은인과 같은 평생의 동반자 주현 씨에게 이 책을 바친다.

2024년 5월

- 류성 -

추천사

원희목 한국제약바이오협회 전 회장

제약·바이오산업에 대한 일반인들의 관심도가 갈수록 높아지는 상황에서 시의적절하게 나온 역저다. 제약·바이오산업이 왜 미래 핵심산업으로 도약할 수밖에 없는지를 일목요연하게 밝혀냈을 뿐 아니라 제약·바이오강국으로 진입하기 위해 풀어내야 할 주요 걸림돌이나 난제 등에 대해서까지 날카롭게 지적하는 저자의 안목이 놀라울 정도다. 이해하기 어려운 제약·바이오산업만의 독특한 사업 환경이나 구조 등에 대해서도 상세하게 설명하고 있어 제약산업에 문외한이라도 제약·바이오산업을 알고자 한다면 필독할 만한 가치가 있는 책이다. 특히 K바이오를 이끌어 갈 선봉장들로 메이저 제약사들뿐 아니라 유망한 바이오벤처까지도 상세하게 소개해주고 있는 대목도 관심이 간다.

서정선 마크로젠 회장

20여 년 넘게 바이오벤처를 경영해온 경영자로서 그간 꿈꿔왔던 바이오 전성시대가 현실로 다가오고 있어 어느 때보다 흥분된다. 하지만 아직까지도 바이오산업의 미래를 회의적으로 바라보고 있는 분들이 여전히 많다. 이런 상황에서 바이오산업 전성시대를 예견하고 그에 대한 구체적인 증거들을 수미일관하게 역설한 내용에 깊게 공감한다. 바이오산업을 정부가 어떤 방향으로 육성해야 효과를 볼 수 있는지, 그간 어떤 문제가 K바이오의 발목을 잡고 있었는지 등을 논리 정연하게 밝혀낸 저서라는 점에서도 필독을 권한다. 바이오라는 숲 전체는 물론 주요한 나무 하나하나까지도 애정이 듬뿍 담긴 손길로 정리한 역작이다.

윤웅섭 일동제약 대표이사 부회장

전통 제약사의 대표로서 어느 때보다 긴장감과 기대감을 갖고 회사 경영에 최선을 다하고 있는 요즘이다. 그만큼 바이오산업은 역동적으로 성장을 거듭하고 있다. 얼마 전부터 현실로 다가오고 있는 바이오 대도약이라는 시대적 흐름은 바이오기업인이라면 누구나 체감하고 있는 상황이다. 이런 맥락을 예리하게 진맥한 이 책은 바이오 사업을 하는 분은 물론 바이오에 관심을 갖고 있는 일반인들에게 '강추'하고 싶은 명저이다. 특히 기자 특유의 현장감과 예리한 취재력이 문장

문장마다 배어 있어 자칫 난해해지기 쉬운 바이오산업의 핵심을 이해하기 쉽게 써내려갔다는 점이 이 책의 최고 강점이라 꼽고 싶다. 글로벌 바이오기업으로 도약하기 위해 경영자는 물론 회사가 어떤 자세를 가지고, 어느 방향으로 가야 하는지까지도 친절하게 제시하고 있다.

송수영 휴온스 대표

K바이오 100여 년 역사 속에 지금처럼 대도약의 기회를 맞은 적이 없었다. 제약사들도 지금 뒤처지면 영원히 마이너리그로 전락한다는 것을 알기에 어느 때보다 절박한 심정이다. 이런 시점에서 나온 이 저서는 하나의 나침반 같은 존재다. 이 책을 읽다 보면 글로벌 바이오 판도의 맥락을 파악할 수 있을 뿐 아니라, 국내 기업의 나아갈 길이 어느 쪽인지를 명확하게 밝혀주고 있어 일종의 지침서로 다가온다. 바이오는 더 이상 미래성장동력으로 존재하는 것이 아니라 이제는 현재진행형 성장동력이라는 저자의 안목에 깊은 감명을 받았다. 이 책을 읽고 한국 경제의 현재와 미래를 짊어지고 있다는 사명감이 새삼스레 더욱 또렷해지는 것을 느꼈다.

황만순 한국투자파트너스 대표

바이오에 투자하려는 분은 반드시 읽어 봐야 할 필독서다.
바이오에 투자하는 개인투자자들은 무엇보다 경영자의 자질
을 면밀히 살펴보고 투자를 해야 리스크를 최소화할 수 있
다. 이런 맥락에서 이 책은 '짝퉁' 바이오를 감별하는 방법까
지도 세세히 소개하고 있어 들리는 풍문만으로 바이오기업
에 투자를 하려는 분들에게는 귀중한 지침서 역할까지 해주
고 있다. 특히 바이오가 이제는 결실을 맺는 시점에 임박했
다고 강조하는 저자의 안목에 전적으로 동의한다. 이제까지
의 바이오 투자가 실체 없이 임상시험 등 주요 이벤트를 중
심으로 단기적으로 이뤄졌다면 앞으로는 실제 경영 성과를
펀더멘털로 삼는 바이오 투자가 대세가 될 것으로 예상된다.
향후 성장할 잠재력이 큰 바이오기업을 미리 선점, 장기투자
해 수익을 극대화하려는 투자자들에게 이 책은 소중한 투자
비법을 제시하고 있다.

—

이 책에 실린 내용은 2021년부터 2024년 5월에 걸쳐 쓴 이데일리 연재 기사
'류성의 제약국부론'의 일부로, 해당 기사 출고 시점을 기준으로 작성되어 있습니다.

1

K바이오 이끄는
선봉장들

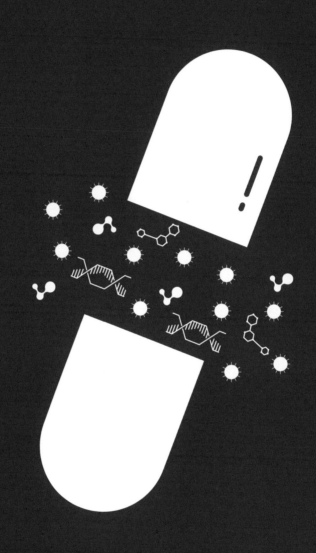

셀트리온·알테오젠이 보여준
K바이오 저력

바이오는 흔히 꿈을 먹고 크는 산업으로 불린다. 손에 잡히는 실체가 거의 없지만, 미래가치에 의존해 성장해온 대표적 산업으로 손꼽혀왔다. 심지어 매출 실적은 전무하지만, 개발 중인 신약 파이프라인만으로 기업 가치가 조 단위를 넘나드는 바이오벤처를 찾아보기 어렵지 않을 정도다.

객관적 평가가 어려운데다 불확실성이 큰 미래가치를 기준으로 삼다 보니 바이오 투자는 어느 섹터보다 어렵다는 게 중론이다. 여기에 투자심리에 따라 회사 몸값이 급등락을 반복하다 보니 바이오에서 실적을 기준으로 하는 정석 투자는 설 자리를 찾기 어려운 게 현실이다.

왼쪽부터 서정진 셀트리온 회장, 박순재 알테오젠 대표(사진: 셀트리온, 알테오젠)

이런 상황에서 미래가치를 현실로 바꿔내며 바이오가 더 이상 허상이 아니고, 실체가 있는 투자 유망한 섹터라는 것을 입증하고 있는 성공 기업들이 속속 등장하고 있어 관심이 쏠린다. 국내 바이오업계의 절대 강자 셀트리온과 바이오벤처의 대명사로 자리매김한 알테오젠이 대표적이다.

셀트리온, 최대 연 매출 10조 신약
미국 공략 개시
—

셀트리온은 업력 21년 만인 2023년 매출 2조 원, 영업이익 7,000억 원을 넘길 정도로 고성장 가도를 달려온 K바이오 대표 주자다. 이런 셀트리온이 2024년 들어 100여 년 역사의 국내 제약·바이오업계에서 누구도 달성하지 못한 대역사를 써내려가기 시작하며 주목을 받고 있다.

셀트리온이 K바이오의 신기원을 세우는 데 있어 선봉장은 자체 개발한 자가면역질환 치료제 램시마 자가주사제형(SC)인 '짐펜트라'다. 미국 식품의약국(FDA)으로부터 신약으로 허가받은 이 약품은 3월부터 미국에 본격 출하, 시장 평정에 나선다. 서정진 셀트리온 회장은 짐펜트라 1개 제품으로 미국에서만 연 매출 5~7조 원가량을 거둘 것으로 자신한다. 조만간 K바이오 최초로 초대형 블록버스터로 자리매김할 것이 확실하다는 게 업계의 예상이다.

업계에서는 경쟁 약인 휴미라(2022년 미국 매출 22조 원)보다 월등한 짐펜트라의 약효 및 편리성 덕에 미국에서만 많게는 연간 매출 10조 원도 올릴 수 있을 것으로 전망한다. 앞서 유럽에서 출시한 짐펜트라(유럽 제품명 램시마SC)는 이미 프랑스, 독일, 이탈리아, 스페인, 영국 등 주요 국가에서 시장점유율 1위를 기록하며 시장을 석권하고 있어 별다른 이변이 없는 한 미국에서의 선전이 확실시된다.

알테오젠, 매년 5천억 로열티
기술수출 성사

—

셀트리온이 조만간 미국에서 블록버스터 신약 탄생을 예고했다면, 알테오젠은 기술수출의 잠재력을 막대한 매출로 실현하면서 각각 K바이오가 더 이상 허상이 아니라 실체가 있는 산업이라는 것을 증명한 케이스다.

알테오젠은 2024년 2월, 자체 개발한 정맥주사(IV)를 피하주사(SC) 방식으로 바꾸는 히알루로니다아제 플랫폼 기술에 대해 머크와 라이선스 계약을 변경했다. 이 계약으로 알테오젠은 머크의 주력 의약품이자 2023년 매출 33조 원으로 세계 1위를 기록한 면역항암제 키트루다에 한해 히알루로니다아제 기술의 독점적 라이선스 사용권을 제공했다.

업계에서는 알테오젠이 이 계약으로 머크에서 적어도 해마다 5,000억 원 안팎의 로열티 수익을 거둘 것으로 보고 있다(팜이데일리 2024년 2월 29일자 참조). 머크가 알테오젠으로부터 도입한 기술을 활용해 만든 키트루다의 연 매출이 10조 원 정도인데 여기서 로열티를 최소 5% 이상은 받을 것이라는 게 업계의 추산이다. 알테오젠은 머크와 기술수출 계약 하나만으로 해마다 웬만한 중견기업 매출 규모를 거둘 수 있는 사업 구조를 안착시킨 것이다. 여기에 알테오젠이 확보한 히알루로니다아제 플랫폼은 다양한 의약품 개발에 쓰일 수 있다고 한다. 제2, 제3의 머크와 같은 대형 기술수출을 성사시킬 가능성이 높은 셈이다.

블록버스터,
기술수출이 K바이오 성공 전략 입증
—

국내 바이오벤처 대부분은 거의 예외 없이 기술수출을 목표로 신약 개발에 매진하고 있는 형국이다. 지금껏 다국적제약사에 기술수출을 성공한 바이오벤처도 상당수다. 하지만 알테오젠처럼 라이선스 아웃만 가지고 지속성장 가능한 비즈니스모델을 완벽하게 만들어낸 사례는 아직껏 찾아보기 힘들다. 알테오젠은 기술수출도 제대로 성사시키면 바이오벤처에게는 더없이 효과적인 사업 모델이라는 것을 입증한 셈이다.

K바이오가 추구하는 사업 성공모델은 크게 2가지다. 글로벌 신약 상업화를 자체적으로 성공시켜 블록버스터 의약품으로 키워내는 것이 하나이고, 신약 기술수출로 탄탄한 사업 모델을 구축하는 것이 다른 한 축이다. 셀트리온과 알테오젠의 성공 사례는 K바이오가 지향하는 2가지 사업 모델이 허상이 아니고 얼마든지 실현 가능하다는 것을 여실히 보여줬다는 면에서 의미가 남다르다. 셀트리온과 알테오젠 같은 기업이 속속 등장할 즈음, 한국은 이미 제약강국으로 도약해 있을 것이다.

'바이오의 구글' 노리는
서정선 마크로젠 회장

"개인마다 자신의 유전체 설계도를 갖게 됐다는 것은 혁명적인 진전이다. 인간에게 가장 중요한 것은 무병장수다. 유전자분석 비용이 저렴해지면서 이제 유전체 설계도 기반, 개인별 정밀의학이 가능해졌다. 무병장수가 가능한 시대가 활짝 열린 것이다. 세계적인 유전자분석 시대를 누구보다 앞서 글로벌하게 가장 완벽하게 준비해온 곳이 바로 마크로젠이다."

3년 내 유전체분석 서비스
대중화 본격 도래

2024년 2월 서울 강남에 있는 마크로젠 본사에서 만난 서정선 마크로젠 회장은 "지난 27년간 흔들리지 않는 소신을 가지고 유전체분석이라는 한 우물을 파왔는데 이제 그 열매가 본격적으로 열리기 시작했다"고 강조했다. 서 회장은 앞으로 3년 내 '유전체분석 서비스' 대중화가 이뤄지면서 관련 시장이 놀랄 정도로 급성장할 것이라고 자신했다.

업계는 2020~2025년 글로벌 유전체분석 시장의 연평균 성장률은 22.8%에 달할 것으로 추산한다. 2025년에는 227억 1,700만 달러(약 30조 원)에

서정선 마크로젠 회장(사진: 마크로젠)

이를 것이라는 게 업계 예상이다. 유전체분석 서비스가 기존 치료에서 예방의료 중심으로 패러다임을 빠르게 전환시키면서 관련 시장이 본격 성장기에 접어들 것이라는 전망이다. 여기에 글로벌 소비자 직접 대상(DTC) 유전자 검사 시장은 2021년 14억 달러(약 1조 원) 규모에서 연평균 15.3% 성장, 2028년 42억 달러(약 5조 원)에 달할 것으로 추산된다.

서울대 의대에서 박사학위를 딴 서 회장은 모교에서 의대 교수로 활동하면서 지난 1997년 마크로젠을 창업, 사업에 본격 뛰어들었다. 서 회장은 서울대 의대 유전체의학연구소장, 대한생화학분자생물학회장, 한국바이오협회장 등을 역임했다. 유전체분석 분야에서 최고의 글로벌 권위자로 손꼽힌다.

"마크로젠은 30년 가까이 유전자분석 분야에서 사업 경험을 쌓으면서 가격·품질·속도 등 비즈니스 핵심 경쟁력 측면에서 압도적인 포지션을 확보했다. 마크로젠은 전 세계 다섯 손가락 안에 꼽히는 글로벌 유전체분석 기업으로 자리매김했다."

서 회장은 장기간 유전체분석 분야에서 쌓은 사업 경험과 노하우가 마크로젠의 핵심경쟁력이라고 강조했다. 마크로젠은 일본 유전체분석 시장 점유율 1위를 차지하고 있다. 유럽에서는 톱 3 기업으로 평가받는다. 2025

년 유전체분석 세계 시장규모가 국내 전체 제약·바이오 시장(약 25조 원)보다 큰 30조 원에 달한다는 점을 감안하면 글로벌 톱 티어로 우뚝 선 마크로젠의 성장성은 다른 어느 K바이오기업보다 무궁하다는 평가다.

"일반 의료에서 '예방·정밀의료'로 빠르게 축이 변화하고 있다. 인공지능(AI)과 융합한 임상 데이터 및 유전체 정보 등이 의료 체제를 환자 중심 서비스로 변화시키는 촉매제로 작용하고 있다. 유전적 특성에 따른 초개인화 서비스를 제공하고, 암, 치매 등 질병 예측·조기진단, AI 의료 솔루션 등이 정밀·맞춤·예방의학을 현실화하는 선봉장 역할을 해내고 있다."

서 회장은 유전체 정보는 질병 진단, 치료뿐 아니라 발병을 앞서 예측하는 데이터로도 쓰일 수 있기 때문에 활용도가 크고 사업 전망이 밝다고 진단했다.

글로벌 지놈센터 본격 가동,
매출 급성장 예고
—

마크로젠에 투자하려는 투자자들이 눈여겨봐야 할 대목을 묻는 질문에 그는 무엇보다 "해외 유전체분석 서비스 거점인 글로벌 지놈센터 가동이 본격적으로 이뤄지고 있다"면서 "매출, 수익성이 탄탄하게 성장세를 탈 것"이라고 강조했다.

회사는 현재 아시아, 유럽, 아프리카, 북미, 남미 등 세계 5대륙에 걸쳐 관계사 및 해외 법인을 두고 현지 시장을 집중 공략하고 있다. 특히 마크로젠은 세계에서 두 번째로 큰 유럽 유전체분석 시장에 공을 들이고 있다. 유럽에서는 '지놈 슈퍼마켓'으로 불리는 글로벌 지놈센터 네트워크 영업망을 지속 확충해나가고 있다. 최근 스위스 바젤, 독일 베를린, 영국 맨체스터 등에서도 지놈 슈퍼마켓을 설립, 영업을 시작했다. 이미 유럽 전체 매출이 200억 원을 넘어설 정도로 현지화 전략이 성공적이라는 평가다.

특히 마크로젠 유럽은 2008년 설립 이후 유럽 및 아프리카 리서치 고객 3,000곳 이상을 대상으로 유전체분석 서비스를 제공할 정도로 큰 성과를 거두고 있다. 네덜란드, 이탈리아, 프랑스, 스위스, 독일, 영국, 벨기에 등을 중심으로 유전체분석 서비스 영업을 강화하고 있다.

2023년 6월 출시한 일반 소비자 대상 디지털 헬스케어·건강관리 플랫폼 '젠톡'도 MZ세대 사이에서 '몸BTI(MBTI 테스트 + 유전자 검사 서비스를 결합한 단어)' 열풍을 일으키며 새로운 수익원으로 정착했다고 소개했다. 2024년 2월 현재 젠톡 앱 다운로드 10만 명, 플랫폼 누적 방문자 200만 명을 각각 돌파했다. 마크로젠은 2024년엔 젠톡 회원수가 30만 명을 넘어설 것으로 자신한다. 이 플랫폼에서만 2024년 매출 100억 원 이상을 창출할 것으로 예상한다. 나아가 국내에서 젠톡을 통해 제공되고 있는 DTC 서비스를 해외시장에서도 본격 선보일 계획이다.

"마크로젠이 하고자 하는 일은 구글과 비슷하다. 구글의 비전은 정보를 세상 모든 사람이 손쉽게 접근, 활용할 수 있도록 하는 것이다. 마크로젠 또한 개인별 DNA 몸 설계도를 갖고 모두가 보다 건강하고 행복한 삶을 만드는 데 활용할 수 있도록 돕는 것이다."

글로벌 바이오업계의 구글을 꿈꾸는 '뚝심' 서정선 회장의 당찬 포부가 실현될 수 있을지 주목된다.

원천기술 확보한 바이오벤처의 야망

서방 선진 기업에 비해 산업화에 뒤늦게 동참한 후발 주자 한국 기업은 '원천기술'을 확보하고 있는 경우가 거의 없다. 그러다 보니 원천기술을 보유한 외국 선도 기업에게 울며 겨자 먹기로 막대한 로열티를 제공해야 하는 경우가 많다. 재주는 곰이 부리고 실속은 원천기술을 보유한 다국적 선도 기업들이 챙기는 형국이다.

원천기술은 기존 기술이나 다른 기업이 확보한 특허기술에 의존하지 않고, 독자적으로 개발한 혁신 기술을 의미한다. 나무로 치면 원천기술이 뿌리이고, 나머지 기술은 거기서 파생되어 나오는 줄기나 가지라고 보면 된다.

제약·바이오 분야도 예외가 아니다. K바이오는 한국 경제의 미래성장 동력으로 급부상하고 있지만, 원천기술을 확보하고 있는 사례를 찾아보기 힘들다. 바이오산업이 커질수록 원천기술을 선점한 다국적제약사들로부터 K바이오는 특허권 침해를 빌미로 각종 법적 소송을 당할 가능성도 덩달아 높아지고 있어 대책 마련이 요구되는 상황이다.

원천기술을 갖추지 못한 게 대세인 국내 바이오업계에 원천기술을 핵심 경쟁력으로 앞세워 차세대 치료제 시장을 장악하겠다는 포석을 두고 있는 바이오벤처가 주목을 받고 있다. 화제의 주인공은 미생물 세포외소포 (EV)치료제 분야에서 주요 원천기술을 보유하고 있는 엠디헬스케어다.

연구원들과 대화를 나누고 있는 김윤근 엠디헬스케어 대표(사진: 엠디헬스케어)

엠디헬스케어,
미생물 EV치료제 원천기술 장악
—

엠디헬스케어는 미생물 EV치료제 관련한 글로벌 특허 60%(200여 건)를 확보, 이 분야 핵심 원천기술을 사실상 싹쓸이하고 있는 기업이다. 지금도 매년 이 분야 특허를 등록, 갱신, 유지하느라 6억~7억 원가량 비용을 들일 정도다. 국내 대표적인 특허기술 평가기관인 위즈도메인은 이 회사 특허 가치가 무려 2조 원에 달한다고 평가했다.

미생물이 분비하는 미세한 물질인 EV는 미생물과 세포 간 커뮤니케이션을 담당하는 핵심 메신저 역할을 한다. 유익한 미생물이 분비하는 EV

를 활용한 치료제는 질병 악화를 늦추거나 개선하는 데 그치는 기존 치료제와 달리, 질병을 근본적으로 예방하거나 치료할 수 있어 차세대 치료 기술로 주목을 받고 있다. 특히 몸에 이로운 미생물이 분비하는 EV를 활용한 치료제는 면역 저하자나 노인이 복용해도 부작용이 없어 각광을 받고 있다.

엠디헬스케어는 병원성 미생물 유래 EV는 노화와 관련된 여러 가지 질병의 원인 인자인 반면, 유익한 미생물 EV는 질병의 핵심 병태생리를 조절하여 질병 발생을 억제, 치료한다는 것을 밝혀내면서 미생물 EV 의학이라는 새로운 장르를 개척했다. 요컨대 미생물 EV치료제는 질병이 생기는 핵심적인 병인을 조절해 정상상태로 회복시킬 수 있는 효능을 낸다는 점에서 여타 치료제가 따라올 수 없는 차별성을 갖췄다.

지난 2014년 의대 교수를 하다 창업 전선에 뛰어든 김윤근 엠디헬스케어 대표는 서울대 의대 교수, 포항공대 생명과학과 교수, 이화의료원 융합의학연구원장 등을 거친 국내 대표적 의과학자 출신이다.

미생물 EV치료제 원천기술을 장악한 김 대표의 포부도 당차다. 김 대표는 "현재 대세인 항체치료제를 대체할 바이오의약품으로 세포치료제, 유전자치료제, 생균치료제, 엑소좀치료제, 미생물 EV치료제 등이 차세대 바이오 약물로 대두되고 있다"면서 "이 가운데 미생물 EV치료제는 효능 및 작용기전, 안전성, 약물 가격, 환자의 편의성 등의 측면에서 다른 경쟁 치료 기술을 압도하는 게임체인저가 될 것"이라고 확신한다.

60조 규모 미생물 EV치료제 시장
최대 수혜주
—

미생물 EV치료제가 가장 빨리 기존 치료제를 대체할 것으로 예상되는 분야는 파킨슨병, 알츠하이머치매, 황반변성 등 노화 관련 중추신경계 질환이다. 현재 이들 질환을 근본적으로 완치할 수 있는 치료제가 없기에 근원 치료가 가능한 미생물 EV치료제가 대안으로 자리매김할 수밖에 없다는 게 김 대표의 판단이다. 이들 치료제 글로벌 시장규모는 60조 원에 달한다.

엠디헬스케어는 선점한 원천기술을 기반으로 투 트랙 전략을 펴고 있다. 자체적으로 신약 개발에 나서는 한편 기술수출도 병행한다는 전략이다. 이 회사는 현재 파킨슨병 EV치료제를 개발 중인데 2024년 임상1상을 끝마칠 예정이다. 회사는 2026년께는 패스트트랙으로 확증임상을 수행하고, 이듬해 식품의약품안전처(식약처) 허가를 받을 수 있을 것으로 예상한다.

빠르면 3년 내 파킨슨병을 근원적으로 치료하는 미생물 EV치료제가 상용화될 수 있다는 얘기다. 전 세계 미생물 EV치료제 개발 상황을 보면 가장 속도가 빠르다. 자폐증, 황반변성 치료제 개발도 조만간 나선다는 게 회사 측 계획이다.

글로벌제약사들도 미생물 EV치료제에 대해 갈수록 관심을 집중하고 있는 상황이다. 다만 아직은 미생물 EV치료제가 새로운 모달리티(작용기전)의 의약품이어서 임상 데이터가 확보되면 적극적으로 라이선스 인(기술도입)에 나설 것으로 예상된다. 이 회사가 주력으로 개발 중인 선도 제품인

락토바실러스 EV치료제는 안전성과 유효성이 확보되는 2026년경에 글로벌제약사에 기술수출이 이루어질 것으로 업계는 예상한다.

엠디헬스케어는 독보적인 신약 개발 기술력을 앞세워 2024년 하반기 코스닥시장에도 상장할 계획이어서 투자자들로부터 각별한 관심을 받을 것으로 예상된다. 상장 시 기업가치는 3,000억 원 안팎에 이를 것으로 예상된다. LB인베스트먼트, 스마일게이트, 우신벤처투자, 이베스트 등이 이 회사의 초기 투자자로 참여, 300억 원가량을 투자했다.

"K바이오가 도약하려면 기존 제품을 따라가는 전략이 아니라 미생물 EV 치료 기술처럼 우리나라가 가장 앞서 나가는 분야를 집중적으로 지원하는 전략이 중요하다. 하지만 투자 관점에서 보면 세계를 선도할 수 있는 기술보다는 리스크가 거의 없는 영역에 투자해 이익을 보려는 경향이 강한 것 같다. 리스크를 어느 정도 감당하면서 글로벌시장을 선도할 수 있는 분야에 활발하게 투자, 미래 먹거리를 창출하려는 자본가가 어느 때보다 절실한 시기다."

미생물 EV치료제 분야의 글로벌 프로티어인 김 대표지만 이전에 없던 길을 홀로 앞장서며 헤쳐나가다 보니 만감이 교차한다고 한다.

현대바이오사이언스가 보여준
K바이오의 미래

 2023년 현대전자를 모태로 하는 현대바이오사이언스(이하 현대바이오)가 거둔 '믿기지 않는' 신약 개발 성과가 지금까지도 세간의 화제다. 현대바이오는 기존 코로나19 치료제 대비, 비교할 수 없을 정도로 탁월한 효능

현대바이오사이언스가 코로나19 치료제를 개발하고 있는 연구실(사진: 현대바이오사이언스)

을 갖춘 신약 '제프티'를 개발하는 데 성공, 업계의 관심을 한 몸에 받고 있는 K바이오벤처다. 직원 수 70명에 2022년 매출이 불과 79억 원에 불과한 전형적인 벤처기업으로서는 이례적이다.

식약처,
제프티 허가 검토
—

신약 상용화를 눈앞에 두게 된 현대바이오는 코로나 치료제 개발에 뛰어든 대부분 제약사가 중도 포기한 것과 대조적 행보를 보여왔다. 코로나 치료제 개발을 주가 띄우기용이라며 폄하하는 세간의 의혹에도 아랑곳하지 않고 회사의 사활을 걸고 치료제 개발을 뚝심 있게 밀어붙여온 결과라는 평가다.

현대바이오는 식품의약품안전처(식약처)와 협의, 임상2상과 임상3상(환자 300명에게 투여, 약품 안전성 및 유효성 확인)을 결합한 임상시험을 2022년 성공적으로 마쳤다. 현재 식약처는 제프티에 대한 최종 임상 결과 데이터를 분석 중이다. 제프티가 식약처 허가를 받게 되면 세계에서 4번째로 상용화에 성공한 코로나19 항바이러스 치료제로 기록된다.

제프티는 변이된 바이러스에 효과가 없는 기존 항바이러스 치료제와 달리, 세포의 자가포식 작용을 정상화시켜 세포 스스로 세포 내에 침투한 바이러스를 제거하도록 하는 기전으로 세계적인 주목을 받고 있다. 지속적으로 변이종이 출현하는 다양한 코로나19 바이러스에 대해서도 탁월한 치료 효과가 입증되면서 무궁한 잠재력을 인정받고 있는 것. 제프티는 임상2상 결과, 미국 식품의약국(FDA)이 지정한 코로나19 12개 증상(발열·기침)을 모두 개선하는 데 4일, 고위험군에서는 6일을 각각 줄이는 효과를 내는 것으로 나타났다. 제프티는 중대한 이상 반응도 발생하지 않아 안전성에서도 최고 성적을 받았다.

제프티의 이런 임상 결과를 접한 치료제 개발 전문가인 조 화이트 의학 박사는 "페니실린 항생제 등장으로 인류가 세균성질환의 공포로부터 해방되었듯이, 바이러스의 페니실린 격인 제프티의 탄생은 미래 호흡기 바이러스의 재앙을 해결할 해법을 제시한 획기적인 성과"라고 평했을 정도다. 그는 미국 국립보건원(NIH)를 거쳐 머크, 브리스톨마이어스스큅(BMS) 등 글로벌제약사에서 35년 동안 치료제 개발을 총괄한 전문가다.

기존 코로나19 치료제 대비
글로벌 최고 수준 효능
—

제프티의 치료 효능에 주목한 미국 정부도 최근 현대바이오와 손을 잡고 항바이러스 치료제 공동개발에 나서면서 현대바이오에 힘을 실어주고 있다. 현대바이오는 미국 NIH 산하 국립알레르기·감염병연구소(NIAID)와 팬데믹 대비 항바이러스제 공동개발 계약을 2023년 8월 체결했다. 2,000억 원이 넘는 임상 비용은 미국 정부가 부담하고, 현대바이오는 제프티를 제공하는 역할이다.

제프티는 앞서 상용화된 코로나19 치료제의 단점을 모두 극복한 대체 치료제로 쓰일 수 있어 실효성이 크다는 평가다. 예컨대 팍스로비드는 고위험군에서만 사망률을 낮출 뿐 경증 및 중등증 환자군에서는 약효가 거의 없다. 다른 치료제 라게브리오는 백신 접종자에게는 효과가 없고, 조코

바는 FDA 기준에 따른 1차 유효성 평가 지표조차 충족하지 못했다.

지금도 코로나19 환자가 하루 수만 명씩 발생할 정도로 코로나 대유행은 끝나지 않은 상황이다. 글로벌 시장규모도 여전히 막대하다. 2023년 코로나19 치료제 세계 시장규모만 50조 원에 육박할 전망이다. 제프티가 국내를 넘어 글로벌 시장 진출을 이뤄내게 되면 상당한 국부 창출을 할 수 있는 가능성이 높다는 게 업계의 판단이다.

제프티가 상용화되면 무엇보다 K바이오가 글로벌 블록버스터 신약 개발 역량을 갖췄다는 것을 증명하는 것이기도 해 의미가 남다르다. 다만 식약처는 제프티에 대해 현재까지도 긴급사용승인 대신 정식 허가 절차를 밟겠다는 입장을 고집하고 있어 어떤 식으로 결론이 날지는 두고 봐야 할 상황이다.

"제프티가 긴급사용승인을 받게 되면 길리어드사이언스와 모더나를 뛰어넘어 K바이오의 BTS가 될 수 있다"고 자신하는 오상기 현대바이오 대표의 꿈이 현실이 됐으면 하는 바람이다.

세계 최초로 계면활성제 없이 인체조직 이식재 상용화에 성공한 도프

한국은 제약강국으로의 도약을 오래전부터 염원하고 있지만 여전히 갈 길은 멀게 남아 있다. 아직도 매출 1조 원이 넘어서는 블록버스터 신약 하나 확보하지 못하고 있고, 글로벌 매출 순위 50위 안에 들어 있는 제약·바이오기업도 전무한 실정이다.

이처럼 전체적인 K바이오 성적표는 아직 겉으로 보기에 초라하다. 하지만 속을 들여다보면 놀랄 만한 글로벌 경쟁력을 확보한 바이오기업들이 곳곳에 자리잡고 있어 제약강국 실현의 가능성을 엿보게 한다. 수백 년 역사의 전통적인 화학의약품 분야는 글로벌제약사들이 석권하고 있다. 하지만 바이오는 새롭게 열리는 산업이기에 K바이오는 후발 주자임에도 세계적으로 선전하고 있다는 평가다.

특히 세계 최초로 고난이도 치료제 기술개발에 성공, 상용화까지 이뤄낸 바이오기업들이 속속 등장하면서 K바이오의 저력을 입증하고 있다. 이들이 개발한 제품은 관련 글로벌시장이 대개 수십조 원 규모여서 몇 개 업체만 각각의 시장을 석권할 경우 그야말로 덩달아 한국은 제약강국의 반열에 오를 수 있는 계기를 마련할 전망이다.

친환경 공법인 이산화탄소 이용,
조직 탈세포화 성공

—

    경기도 동탄에 자리잡고 있는 인체조직 기반 이식재 전문 바이오벤처인 도프가 대표적인 사례다. 도프는 세계 최초로 초임계 공정을 인체조직에 적용해 인체조직 기반 이식재 상용화에 성공한 바이오벤처로 업계의 특별한 주목을 받고 있다.

    인체조직을 이식하기 위해서는 탈세포화 과정이 필요한데 이 과정에서

신용우 도프 대표(사진: 도프)

다른 경쟁사들은 예외 없이 계면활성제 등 화학물질을 사용하지만 도프는 초임계 공정으로 화학물질을 전혀 사용하지 않아 인체에 무해한 조직 이식재를 상용화했다. 이산화탄소에 일정 수준 이상의 압력을 올리면서 온도를 적절하게 조절하면 액체와 기체의 중간 상태로 변화하는데, 이를 초임계라고 한다.

초임계 공정은 글로벌 시장규모가 수십조 원에 달해 현재 변변한 경쟁자가 없는 상황에서 본격적으로 세계시장 공략에 나서게 되면 상당한 매출이 기대된다. 다음은 2023년 6월 만난 신용우 도프 대표와 가진 인터뷰의 주요 골자다.

도프가 세계 최초로 상용화한 초임계 공정을 활용한 인체조직 이식재의 장점은

무엇보다 친환경 공법인 이산화탄소를 이용해 조직을 탈세포화했기 때문에 인체에 무해하고 안전하다. 기존 계면활성제로 조직을 탈세포할 경우 조직에서 계면활성제가 제거되지 않게 되면 이식 부위에 치명적 부작용이 발생할 수 있다. 여기에 초임계 공정을 활용하면 기존 3~5일 걸리던 탈세포 시간을 2일로 단축할 수 있어 조직의 생착율을 높일 수 있다. 가공 시간을 단축하고 계면활성제를 사용하지 않는다는 것은 곧 높은 원가경쟁력을 의미한다.

현재 시장에 선보인 주력 제품은

현재 도프의 주력 제품은 무세포 동종 피부인 'SC DERM', 무세포 동종 신경인 'SC CONNECT'와 피부를 주사기 주입식으로 만든 필러 형태의

'SC FILL'이 있다. SC DERM은 주로 유방암 수술 후 유방 재건에 이용되고 있다. SC DERM은 회전근개 수술이나 욕창·화상 환자의 피부 재건에도 쓰인다. SC CONNECT는 사고나 유방암 등으로 신경을 잃은 환자들에게 사용된다. SC CONNECT는 미국의 액소젠(Axogen) 이외에 국내에 최초 공급된 신경 이식재다. SC CONNECT는 2022년 식품의약품안전처(식약처)에 등록하고 2023년 3월부터 본격 시장에 선보였다. SC FILL은 성형외과에서 필러 대용으로 사용하기도 하지만 무릎관절용 치료제로 성능이 우수하다.

신제품에 대한 시장 반응은 어떤가

2022년 하반기부터 제품을 시장에 본격적으로 공급하기 시작했다. 현재 국내 주요 대학병원 10여 곳에 이식재를 공급하고 있는데 지금까지 시술 케이스가 800여 건에 달한다. 이 추세라면 2023년 말까지 2,000 케이스를 넘어설 전망이다. 완전히 새로운 생체 재료를 시장에 선보인 지 1년 만에 시술 2,000 케이스를 달성한다는 것은 세계적으로도 유례를 찾아보기 힘든 대성공이라고 보면 된다. 이식재를 공급하게 되는 대형 병원 수도 2023년 안으로 20여 곳으로 늘어날 것으로 예상한다. 도프의 제품은 2022년 이후 이식 결과 단 1건의 부작용이나 이식 부적격 결과가 없었다. 의사 및 환자들의 만족도가 매우 높다.

해외시장 공략 전략은

기존 제품에 이종 창상 피복재, 이종 성형외과용 연골 제품 등을 조만간 출시하고 미국, 중국, 중동 등을 거점으로 해외 지사 및 공장을 설립한다. 특히 중국은 현지 업체와 손잡고 조인트벤처로 중국에 생산 공장을 설립한다는 계획이다. 미국은 2년 내 국내에서 판매 중인 무세포 동종 피부인 SC DERM 등 3가지 인체조직 기반 이식재 제품에 대해 식품의약국(FDA)으로부터 허가를 취득해 본격 시장 잠식에 나설 예정이다. 현재 초임계 공정을 활용한 인체조직 이식재 제조 기술을 라이선스 아웃하기 위해 복수의 글로벌 바이오기업들과 협의를 진행하고 있다.

글로벌 경쟁 상대는

동종 피부 알로덤(Alloderm)을 개발한 라이프셀(Life Cell)을 합병한 애브비, 동종 신경 전문 업체인 엑소젠(Axogen)이 있다.

인체조직 기반 이식재 시장규모는

인체조직이 가장 많이 사용되는 시장은 무세포 동종 진피(Acellular Dermal Matrix) 시장이다. 유방암 환자를 대상으로 하는 유방 재건 무세포 동종 진피 시장은 2023년 국내에서만 600억 원, 세계적으로는 6조 원 안팎일 것으로 업계는 추산한다. 외과수술 및 성형 분야 시장은 국내 400억 원, 세계 4조 원 규모다. 이들 시장은 매년 15% 이상 성장할 것으로 전망된다. 기증자의 신체조직을 활용하는 동종 신경 이식재 세계 시장규모는 13조 원에 달한다.

메이저 제약사 최고 성장세, 휴온스 비결

휴온스그룹은 대형 제약사 가운데 성장성이 가장 돋보이는 회사로 정평이 나면서 업계의 부러움을 한 몸에 받고 있는 제약사로 손꼽힌다. 실제 지난 5년간 연평균 성장률이 무려 15%를 넘어서면서 그 비결에 관심이 쏠린다. 휴온스그룹의 지주회사인 휴온스글로벌은 늦어도 2025년 이내 매출 1조 원을 돌파, '1조 클럽'에 가입할 것이라는 게 업계의 중론이다.

휴온스그룹이 이 성장세를 지속 유지한다면 앞서 1조 클럽에 가입해 있는 기존 전통의 메이저 제약사들을 조만간 잇달아 제치면서 K바이오 최선두 그룹으로 급부상할 가능성이 높다. 2023년에도 기존 연평균 성장률 이상의 매출 증가가 예상되고 있어 1조 클럽 가입 목표는 별다른 이변이 없는 한 무난하게 일정대로 달성할 수 있을 것으로 보인다.

'스피드 경영'이 불확실성 시대
휴온스의 최대 저력
—

"이제 휴온스는 양적 성장을 뛰어넘어 질적 성장을 해야 하는 단계에 도달했다. 지속적으로 고성장을 유지하기 위해 그룹 내 확장된 사업 영역을 재정돈하고 경영시스템 측면을 대대적으로 개선, 내실 경영을 강화해 나가고 있다."

송수영 휴온스글로벌 및 휴온스 대표는 2023년 이데일리와 인터뷰에서 직원들의 개인기에 상당 부분 의존해오던 기존 기업문화에서 벗어나 시스템으로 돌아가게 하는 조직개편에 회사 역량을 집중하고 있다고 소개했다. 회사 덩치가 커지면서 기존에 일하던 방식으로는 지금 같은 고성장세를 유지할 수 없다는 절박감에서 나온 경영혁신이다.

송 대표는 휴온스그룹이 장기간 초고속 성장세를 유지할 수 있었던 비결로 '스피드 경영'을 첫손에 꼽았다. 그는 "새로운 시각, 유연한 사고, 빠른 결정, 능동적 대처 능력을 기반으로 한 스피드 경영이 휴온스가 갖추고 있는 가장 큰 저력"이라면서 "스피드 경영은 갈수록 예측 불가능해지는 미래 경영환경의 어려움을 극복하는 데 큰 효과를 내고 있다"고 강조했다. 삼성전자 출신인 송 대표는 세계적 컨설팅회사인 딜로이트컨설팅 일본 대표를 10여 년 맡은 경험이 있는 독특한 이력의 소유자다. 다음은 송 대표와 나눈 주요 일문일답이다.

휴온스글로벌 및 휴온스 대표이사로 그간 가장 보람 있는 성과를 꼽는다면

대미 수출 증가를 꼽을 수 있다. 리도카인 국소마취제 등 미국 식품의약국(FDA) 의약품 품목허가(ANDA)를 승인받은 4개 품목의 대미 수출이 2분기 연속 57억 원을 달성하며 매출이 2022년 동기 대비 3배 이상 큰 폭으로 증가했다. 2022년 대미 리도카인 제품 매출은 123억 원을 기록했다. 2023년 매출은 더블 스코어를 예상한다. 미국시장의 매출 증가를 통해 전

송수영 휴온스글로벌 및 휴온스 대표(사진: 이데일리DB)

체 성장을 견인할 것으로 확신한다. 국내 제약사가 제네릭 제품을 미국에
등록, 활발한 판매 활동을 전개해나가고 있다는 사실이 고무적이다.

휴온스그룹이 중점적으로 추진하고 있는 경영 현안은

휴온스글로벌은 전 그룹사가 경영 체제 시스템 개편과 혁신, 개혁을 총
괄하고, 휴온스그룹의 브랜드 가치를 높여 구성원들이 그룹과 회사에 대
한 로열티를 가질 수 있도록 하는 데 중점을 두고 있다. 특히 구성원들이
자발적으로 문제점을 파악, 해결하면서 개개인의 능력을 발휘할 수 있도
록 시스템과 조직을 재정비하고, 구조적 고도화와 경영혁신에 무게를 두
고 있다. 2023년은 휴온스그룹의 새로운 미래를 위한 터닝 포인트의 해가
될 것이다. 휴온스그룹은 앞으로 시스템이 강한 회사, 조직이 강한 회사로
거듭나게 될 것이며, 안정적인 성장을 이뤄낼 수 있도록 하겠다.

매출 1조 원 돌파를 목전에 두고 있다

휴온스그룹은 현재 1조 원 매출을 달성하는 기틀을 마련하는 데 주력하고 있다. 그룹 재편을 통한 합병 작업과 계열사 간 합병을 통해 시너지를 극대화시켜 매출 상승을 견인하고자 주력했고, 그 결과를 마주하고 있다. 1조 매출 달성의 해를 구체적으로 특정할 수는 없지만 그리 멀지 않았다고 확신한다. 특히 글로벌시장 확대를 위한 노력을 강화해나가고 있다. 미국 법인 휴온스USA와 일본 법인 휴온스JAPAN을 통한 활발한 비즈니스 협력과 활동을 전개해나갈 방침이다. 국내는 물론 해외시장에서도 미래성장동력 확보에 주력하고자 한다.

휴온스는 메이저 제약사 가운데 성장 속도가 가장 빠르다는 평가를 받는다

휴온스그룹은 그간 비약적인 성장을 이뤘고 지금도 현재 진행형이다. 휴온스글로벌의 최근 5년(2018년~2022년)간 연평균 성장률은 15%를 기록했다. 그룹 성장의 바탕은 주요 사업 부문별 고른 성장에 있다. 휴온스, 휴메딕스 등 상장 자회사의 지속성장은 물론 휴온스바이오파마 등 비상장 자회사의 실적 호조가 이어지는 점 역시 그룹 지속성장을 이끌고 있다. 그룹 내 확장된 사업 영역을 정돈하고 경영 시스템 측면을 정비해 내실 경영을 강화해나가고 있다. 2022년에는 건강기능식품 사업 회사 2곳(휴온스네이처, 휴온스내츄럴)을 합병해 '휴온스푸디언스'가 출범했다. 여기에 의료 관련 기기 분야에서 시너지를 낼 수 있는 사업 회사(휴온스메디케어, 휴온스메디컬)를 합병, '휴온스메디텍'을 탄생시켰다.

휴온스그룹이 가지고 있는 차별화된 제품 경쟁력은 뭔가

휴온스는 타 제약사 대비 비급여 의약품을 다양하게 구성하고 있다. 일반적인 전문 치료제 분야의 경우 제품력과 마케팅력을 성장시키는 데 있어 큰 투자와 오랜 시간이 필요하기 때문에 상대적으로 진입이 용이한 비급여 의약품 쪽으로 타사 대비 조기 진출해 '웰빙 의약품'이라는 용어를 처음 시장에 소개한 바 있다. 고함량 비타민 C 주사제를 주축으로 다양한 제품 포트폴리오를 구성해 안정적인 매출을 기록하고 있다. 정형외과 영역에서도 강점을 가지고 있다. 관절염 치료제인 HA 성분의 제품군을 비롯해 최근 DNA 주사로 각광받고 있는 PDRN 성분의 주사제 및 각종 통증 치료제 등의 라인업을 갖추고 있어 정형외과, 마취통증의학과, 재활의학과 영역에서 강세다.

기대되는 대표적인 신약 파이프라인은

현재 중점적으로 추진하는 파이프라인은 심장질환 치료제, 간질환 치료제다. 두 질환 모두 유병 인구는 증가하고 있지만 뚜렷한 치료제가 없다. 혁신신약(First-In-Class)으로 개발하는 것이 목표다. 연구 중인 신약후보물질 중에 매우 긍정적인 진전을 보이고 있는 것으로는 2개 파이프라인이 있다. 먼저 'HUC1-394(안구건조증 치료 점안제)'는 비임상시험 및 제제 연구 완료 단계로 2023년 임상시험계획서(IND)를 제출할 예정이다. 또 'HUC1-288(심부전 치료제)'는 비임상효력시험 완료 단계여서 기대가 크다.

김성진 메드팩토 대표가
세계 최초 혁신신약 확신하는 까닭

바이오벤처마다 세계 최초의 혁신신약 개발을 목표로 구슬땀을 흘리고 있다. 혁신신약 개발의 꿈이 이뤄져 상용화에 성공하면 신약 하나로 매년 적게는 수조 원에서 많게는 수십조 원에 달하는 결실을 거둘 수 있다. 하지만 글로벌 매출이 조 단위에 달하는 블록버스터 신약은 하루 아침에 이뤄지지 않는다. 혁신신약을 상용화까지 달성하려면 최소 수십 년간 기초연구 경험을 쌓으면서, 신약 개발 역량을 내재화시키는 고난의 과정을 견뎌내야 한다.

수십 년 한 우물 연구 집중해야
혁신신약 개발 가능
—

메드팩토는 K바이오 가운데 세계 최초의 혁신신약을 개발할 수 있는 역량을 갖춘 대표적인 바이오벤처로 업계로부터 특별한 주목을 받고 있다. 김성진 메드팩토 대표는 지난 35년간 바이오 암 치료제, 비만 치료제, 근골격질환 등 기초연구를 해오면서 혁신신약 개발 역량을 축적해온 세계적인 바이오 전문가로 손꼽힌다.

김성진 메드팩토 대표(사진: 메드팩토)

김 대표는 "최소 수십 년 동안 한 분야에서 연구를 집중하면서 노하우와 경험을 쌓아야 혁신신약 개발 역량을 구축할 수 있다"면서 "정부도 기초연구에 대한 지속적이고 파격적인 지원을 해야 제약강국으로 갈 수 있는 기틀을 다질 수 있다"고 강조한다. 미국 국립암연구소 종신수석연구원 출신인 김 대표는 이길여 가천대 총장이 백지수표를 건네며 가천대 암당뇨연구원 원장으로 영입하면서 2007년 귀국길에 올랐다. 김 대표는 지난 2013년 메드팩토를 창업, 글로벌 블록버스터를 창조하는 데 수십 년간의 바이오 신약 연구 경험과 노하우를 집중하고 있다. 다음은 김 대표와 나눈 일문일답이다.

메드팩토만이 확보하고 있는 차별화된 경쟁력은

메드팩토는 수십 년간의 바이오 신약 연구 경험과 노하우를 기반으로 세계 최초, 신규 신약 표적(novel target)을 발굴할 수 있는 기술개발 역량을 보유, 퍼스트인클래스(First-In-Class) 혁신신약을 개발 중이다. 현재 임상이 진행 중인 TGF-β 저해제인 '백토서팁(Vactosertib)'은 물론, 류머티즘성관절염, 건선관절염 등 자가면역질환과 골다공증 등 뼈질환에 치료 효과가 있는 신약후보물질을 발굴, 개발하고 있다. 메드팩토는 후보물질 발굴부터 임상, 상용화까지 신약 개발 프로세스를 통합적으로 경험한 전문가들을 보유하고 있다. 대학병원, 연구소 등 다양한 연구 네트워크도 확보하고 있어, 신약의 기술이전 및 글로벌시장 진출을 반드시 이뤄낼 수 있다고 확신한다.

기술수출이나 상업화에 근접한 신약 파이프라인을 소개한다면

현재 회사가 중점을 두고 개발하고 있는 것은 글로벌 2b/3상을 앞두고 있는 전이성대장암과 골육종(단독요법) 치료제다. 전이성대장암 대상 '키트루다(펨브롤리주맙)'와 백토서팁 병용요법은 2023년 초 미국 식품의약국(FDA)으로부터 임상3상 시험계획을 승인받았다. 임상은 키트루다가 1차 치료제로 승인받은 현미부수체불안정형(MSI-H형)을 제외한 전이성대장암이 대상이다. 전이성대장암 중 MSI-H형을 제외한 환자군이 전체의 약 86%를 차지한다. 관련 시장규모는 약 70조 원에 달한다.

이에 앞서 1b/2a 임상 톱 라인 데이터가 공개됐는데, 키트루다와 백토서팁 300mg 병용요법의 전체 생존 기간 중앙값(mOS)이 17.3개월로, 기존 표준요법과 비교해 10개월 이상 높은 것으로 확인됐다. 이는 기존 표준요법 외에 현재 진행 중인 다른 임상 결과와 비교해도 월등한 수치다. 얼마 전 발표한 '론서프'와 '아바스틴' 병용요법의 전이성대장암 환자의 mOS는 약

10.8개월이다. 여기에 최근 전이성대장암 환자 대상 키트루다-렌비마(렌바티닙) 병용요법 임상3상이 중단되면서 백토서팁과 키트루다 병용요법에 대한 중요성이 높아지고 있다.

메드팩토의 대표적 신약인 백토서팁에 버금가는 신약 파이프라인은

백토서팁에 이은 차기 파이프라인으로 뼈질환 혁신신약인 'MP2021'이 있다. MP2021은 류머티즘성관절염, 건선관절염 등 자가면역질환과 골다공증 등 뼈질환 등을 타깃으로 한다. 류머티즘성관절염 치료제인 '휴미라'의 경우 글로벌 매출이 27조 원에 달할 정도로 시장이 크다. MP2021은 휴미라 등 다른 치료제와 달리 염증이나 파골세포의 성장인자를 억제하는 것이 아니라 뼈를 녹이는 다중 파골세포의 형성을 억제하는 신약후보물질이다. 효능과 안전성은 동물실험에서 확인이 됐다. 현재 유럽에서 독성실험을 진행하고 있다. 현재 글로벌제약사와 공동개발 및 기술이전을 논의하고 있다.

메드팩토에 투자를 해야 하는 3가지 이유를 투자자들에게 조언한다면

투자자들도 바이오기업에 투자할 때 개발 물질의 시장잠재력과 시장 내 경쟁 상황, 그리고 글로벌제약사들이 관심을 갖는 분야인지 살펴볼 필요가 있다. 여기에 내부에서 물질을 만들 수 있는 역량을 갖췄는지 또는 특화된 기술력이 있는지도 확인해야 한다. 그런 관점에서 메드팩토는 퍼스트인클래스 신약을 만드는 회사다. 2023년 1월 JP모건 헬스케어 컨퍼런스와 바이오 유럽 스프링에 직접 방문해 많은 글로벌제약사들과 미팅을 가졌는데, 그들이 주목하는 것은 혁신적인 신약후보물질이었다.

백토서팁의 성공 가능성도 강조하고 싶다. 백토서팁은 10여 개의 임상을 통해 다양한 암종에 적용될 수 있다는 것을 확인했다. 2022년, 시장에 조기 진출할 수 있는 적응증에 초점을 맞추는 전략으로 전환했다. 그 결과 상용화를 위한 글로벌 임상(전이성대장암 대상 키트루다-백토서팁 병용요법)을 목전에 두고 있다. 임상이 순조롭게 진행된다면 국내 기업이 개발한 혁신신약이 미국 FDA 허가를 받고, 글로벌시장에 진출하는 사례가 될 것이다. 아울러 탄탄한 파이프라인을 갖추고 있다는 점도 강점이다. 단 한 가지 물질만 가진 바이오기업은 리스크가 크다. 차기, 차차기 파이프라인 갖춘 바이오기업은 지속적인 성장을 할 수 있다. 메드팩토는 백토서팁 외에 뼈질환 치료제 등 탄탄한 파이프라인을 가지고 있다.

바이오 투자 빙하기가 도래하면서 바이오 옥석 가리기가 한창인데

바이오산업 특성상 신약이 상용화되기 전까지 매출이 발생하지 않기 때문에 투자 유치 등 재정적인 지원 없이는 기업 경영이 쉽지 않은 게 사실이다. 투자 빙하기에 직면한 현재, 많은 바이오기업들이 생존의 기로에 서 있다. 결국 기술력, 특히 혁신신약을 개발할 수 있는 역량을 갖추고 탄탄한 파이프라인을 구축한 바이오기업이 살아남을 것이다. 장기간 임상이 진행되는 만큼 주요한 성과를 학회 등에서 발표, 시장에서 신뢰를 이어가는 것이 중요하다.

하늘에서 꿈 이룬
임성기 한미약품 회장

"제약산업 그 자체가 연구·개발(R&D)이 없으면 죽은 산업이다." "대한 민국이 유럽 스위스처럼 제약강국이 되지 못할 이유가 뭐가 있나."

2020년 타계한 한미약품 창업자인 임성기 회장이 생전에 임직원들의 신약 연구개발 의욕을 북돋우기 위해 틈날 때마다 당부한 얘기다. 한미약품을 신약 개발 강자로 키워내고자 평생을 노심초사하던 임 회장의 꿈은 마침내 현실이 됐다.

롤론티스로 FDA 허가 최초 획득,
신약 개발 최강자로 우뚝
—

고(故) 임성기 한미약품 회장
(사진: 한미약품)

2022년 한미약품은 자체 개발한 호중구감소증 치료 바이오 신약인 '롤론티스'에 대해 미국 식품의약국(FDA)으로부터 시판 허가 승인을 획득하는 쾌거를 이뤄냈다. 한미약품이 FDA로부터 받은 최초의 신약 허가다. 호중구감소증은 백혈구

내 호중구가 비정상적으로 감소해 각종 질환에 취약해지는 증상을 말한다. 글로벌 호중구감소증 치료제 시장규모는 약 8조 원에 달한다.

그간 한미약품은 K바이오를 대표하는 신약 개발 전문 회사로 입지를 다져왔으나 '무관의 제왕'이라는 꼬리표를 떼지 못했다. 세계 바이오산업의 메카인 미국에서 허가를 받은 신약이 전무했기에 '내수용'이라는 오명도 감수해야 했다. 특히 한미약품은 지난 10여 년간 10조 원 안팎의 신약 기술수출 성과를 냈으나 절반가량이 중도에 반환, 해지되면서 일각에서는 한미약품의 신약 기술경쟁력에 의문을 갖는 상황이었다.

한미약품은 이번에 롤론티스를 글로벌 신약으로 인정받게 되면서 이런 안팎의 오해와 서러움을 깔끔하게 털어버리게 됐다. 여기에 최근 K바이오 대표 주자들이 미국 임상3상에서 잇달아 실패하면서 침울해진 국내 바이오 섹터에도 이번 한미약품의 성과는 상당한 활기를 불어넣어줄 것이라는 기대감이 커진다.

"연구개발만이 글로벌제약사 도약 기틀 확보" 입증

한미약품 롤론티스의 성공은 국내 바이오업계에도 시사하는 바가 크다. 무엇보다 한미약품 사례는 R&D만이 글로벌제약사 도약 기반을 확보할 수 있는 최선의 해법이라는 진리를 다시 한번 보여줬다.

실제 한미약품은 신약 개발 종가답게 혁신신약후보물질만 무려 30여 개를 확보하고 있을 정도로 신약 개발에 회사의 역량을 집중한다(전체 직원의 16.6%인 379명이 연구 인력). 국내 업계 가운데 단연 최다 신약 파이프라인이다. 글로벌 신약 반열에 오른 롤론티스에 적용된 한미약품의 독자적 플랫폼 기술인 '랩스커버리'가 이들 파이프라인의 절반에도 똑같이 쓰이고 있어 주목된다. 한미약품이 가지고 있는 신약 파이프라인들의 상업화 가능성이 높다는 얘기다. 랩스커버리는 한미약품이 자체 개발한 단백질의약품의 반감기를 늘려주는 혁신적 플랫폼 기술이다. 의약품 투여량을 감소시켜 부작용을 줄이고, 효능을 개선하는 기반 기술이다.

"제약사는 자신이 개발한 약을 팔아야지, 남의 것을 파는 것은 바람직하지 않다"는 임 회장의 평소 경영 철학은 한미약품을 신약 강자로 우뚝 서게 한 배경이 됐다. 한미약품의 자체 신약 판매 비중은 94%에 달한다. 국내 제약사 가운데 최고 수준이다. 주요 제약사마다 다국적제약사 의약품을 대신 팔아 거두는 매출 비중이 절반을 웃도는 것과는 대조적이다. 임 회장이 최우선한 신약 R&D 집중 전략은 성과를 도출하기가 더딘 듯하지만, 글로벌 강자로 도약하기 위해서는 가장 빠른 지름길임을 한미약품은 우리에게 입증하고 있다.

AI 신약 개발은
제약산업의 게임체인저

최첨단 기술로 손꼽히는 인공지능(AI)이 다양한 산업 분야로 속속 파고들면서 기존 생태계의 근간을 뒤흔들고 있다. AI를 얼마나 효과적으로 활용할 수 있는지가 기업의 운명과 미래를 결정하는 시대가 도래했다.

AI가 가장 크게 두각을 나타낼 것으로 예상되는 대표적 산업으로 제약·바이오를 빼놓을 수 없다. 시간문제일 뿐 AI가 제약산업의 판을 바꾸는 게임체인저가 될 것이라는 게 업계의 대체적인 예상이다. AI가 신약 개발에 들이는 천문학적인 비용과 기간을 대폭 단축할 수 있는 최적의 솔루션으로 자리잡을 것이라는 전망에서다. 실제 AI는 평균 10년 이상 걸리는 신약 개발 기간을 5년 이내로, 1조 원 이상의 신약 개발 비용을 3분의 1 이내로 각각 줄일 수 있는 것으로 평가된다.

글로벌제약사들도 AI가 대세가 될 것으로 보고 AI 신약 개발 전문 업체들과 합종연횡 전략을 적극 실행, 미래를 선제적으로 준비하느라 분주하다. 화이자, 로슈, 노바티스, 바이엘, 사노피, 다케다, 릴리, 얀센, 아스트라제네카 등이 대표적이다. AI를 활용한 신약 개발 시장도 급성장세다. 지난 2018년 8,400억 원 규모에서 2024년 6조 원을 넘어설 것이라는 게 업계의 전망이다. 전 세계적으로 AI 신약 개발 전문 업체가 300여 개를 넘어설 정도로 급팽창하면서 이 분야 경쟁도 갈수록 치열해지는 양상이다.

　국내에서는 AI 신약 개발 분야에서 세계 수준의 선두그룹으로 분류되는 스탠다임이 대표 주자로 평가된다. 송상옥 스탠다임 창업자를 만나 AI 신약 개발의 미래와 사업 현황을 들어봤다. 송 창업자는 서울대 화학생명공학 박사 출신으로 삼성종합기술원을 거쳐 2015년 김진한 스탠다임 현 대표 등과 함께 회사를 공동 창업했다.

<u>AI를 활용해 신약을 개발하는 것이 대세가 돼가고 있는데, 장점은</u>

송상옥 스탠다임 공동창업자(사진: 스탠다임)

무엇보다 막대한 비용과 오랜 개발 기간이 소요되는 신약 개발의 고질적 문제점을 해결할 수 있는 차세대 기술이라는 점이다. 한마디로 더 싸게(cheaper), 더 빠르게(faster), 더 좋은(better) 약물을 개발할 수 있다. 효과적 가설 탐색과 예측을 통해 기존 신약 개발 과정에서의 시행착오를 줄이는 것이 AI 신약 개발의 핵심 포인트다. 무한에 가까운 미지의 다차원 약물 공간을 탐색하고, 어떤 지점이 약이 될 수 있는지 예측할 수 있다. 나아가 검증해야 할 물리적 실험의 반복을 줄임으로써 신약 개발 연구의 효율성을 높이는 것이 AI 활용의 장점이자 목표이다.

AI 신약 개발 분야에서 최초 신약 상업화 시점은

현재 앞서가는 선두 주자들의 파이프라인 상황으로 미루어 볼 때 빠르면 2023년 최초의 신약 탄생이 가능할 것으로 본다. 임상에 진입하는 파이프라인들은 2022년에 크게 늘어날 것으로 예상한다. 향후 5년 이내에 본격적인 상업화 랠리가 시작될 것이다.

전 세계적으로 AI 신약 개발 분야에서 가장 앞서 가는 회사는

신약의 상용화 측면에서는 나스닥 상장사인 리커션(Recursion)이 현재 4개의 임상1상 파이프라인으로 가장 치고 나가는 회사로 평가받는다. 영국 기업인 엑센시아(Exscientia)는 3개의 파이프라인을 임상 단계에 진입시키며 뒤를 잇고 있다. 최근 인실리코메디신(Insilico Medicine)은 타깃 발굴부터 신규 물질 개발을 거쳐 임상시험계획서(IND)를 제출한 것으로 파악된다. 스탠다임은 현재 전임상 후보물질 선정의 막바지 단계로 큰 간격 없이 이들을 바짝 쫓고 있다.

스탠다임이 경쟁사들 대비해 가지고 있는 차별화된 경쟁력은

스탠다임은 약물 타깃 탐색부터 후보 물질 도출까지를 아우르는 엔드투엔드(end-to-end) AI 기술들을 보유하고 있다. 이들이 개별적으로 동작하는 것이 아닌, 하나의 작업 흐름으로 통합한 기술 체계인 워크플로우(workflow) AI를 활용, 다양한 신약 개발 요구에 맞추어 여러 프로젝트를 동시에 진행할 수 있다. 이를 통해 기존 2~3년 걸리던 신약후보물질 발굴 기간을 7개월로 단축할 수 있다. 스탠다임은 퍼스트인클래스(First-In-Class) 혁신신약을 개발할 수 있는 AI 노하우를 확보하고 있다. 특히 우리가 보유한 혁신신약 타깃 발굴 플랫폼은 소수의 선도 기업들만이 개발하고 있는 기술로서, 글로벌 빅파마들의 관심을 받고 있다.

2021년 스탠다임은 영국 제약·바이오 전문 투자 리서치사 딥파마인텔리전스(DPI)로부터 'AI 신약 발굴 분야 선두 기업 글로벌 톱 33'에 선정됐다. 그 의미는 무엇인가

DPI는 포브스, 파이낸셜타임즈 등 유명 해외 언론사들이 인용하는 AI 신약 개발 분야의 전문 분석 기관으로서 매해, 매분기마다 정기 보고서를 제공한다. 이러한 공신력 있는 글로벌 기관이 스탠다임을 선정했다는 것은 우리의 기술력이 세계적으로 인정받았음을 의미한다. 최근 영국과 미국 해외 지사 설립과 맞물려 글로벌시장에서 본격적인 관심을 받고 있다.

스탠다임은 세계적으로도 가장 먼저 AI 신약 개발 전문 회사로 출범한 선두 그룹으로 손꼽힌다

2022년은 창업 7년째를 맞이하는 해다. AI 신약 개발 분야에서는 가장 오래된 업력이다. AI 신약 개발 기업 중 유일하게 해외 투자 기관으로부터 대규모 투자를 받으면서 당사의 기술과 성장성이 세계 수준임을 증명했다. 싱가포르 국부펀드인 테마섹의 자회사인 파빌리온캐피털(Pavilion Capital)로부터 2021년 7월 1,000만 달러(약 120억 원)를 투자받았다. 이 회사는 글로벌 AI 신약 개발 선두 기업인 슈뢰딩거와 인실리코메디신에 투자하기도 했다. 글로벌제약사인 아스트라제네카가 주최한 드림 챌린지(약물 조합 예측)에 참여, 글로벌 3위를 차지해 기술력을 입증한 바 있다. 현재 당사가 제약회사 등과 공동연구 및 자체적으로 개발 중인 후보물질은 40여 개에 달한다. 메이저 제약사들에 비해서도 결코 뒤지지 않는 파이프라인 규모다.

SK그룹 등 여러 회사로부터 기술력을 인정받아 대규모 자본을 유치했는데

2015년 카카오벤처스의 시드 투자를 시작으로 현재까지 누적 803억 원 투자 유치에 성공했다. 2021년 7월 마지막 투자 유치 후 기업가치는 약 2,300억 원으로 평가받았다. SK와 SK케미칼로부터 투자받은 금액은 약 174억 원(구주 인수 포함)이다. 재무적투자자들로는 카카오벤처스, LB인베스트먼트, 에이티넘인베스트먼트, 인터베스트, 미래에셋벤처투자 등이 있다. 특히 시리즈 A 단계에 참여한 초기 투자 기관들이 시리즈 C까지 지속 참여, 당사의 기술 및 성장성에 대한 신뢰를 보여줬다.

바이오 CDMO 춘추전국시대, 주목받는 테고사이언스

최근 바이오업계에 남의 의약품을 대신 개발·생산해주는 위탁생산(CMO), 위탁개발생산(CDMO) 바람이 거세다. 특히 세포·유전자치료제 분야에서는 CMO, CDMO 사업에 내로라하는 바이오기업들이 대거 뛰어들면서 그야말로 춘추전국시대다.

의약품 위탁생산 세계 1위 기업인 삼성바이오로직스를 필두로 SK팜테코, GC셀, 차바이오텍, 헬릭스미스, 테고사이언스, CJ제일제당 등이 대표적인 주자들이다. 아직 출사표를 던지지 않았지만 이 사업에 진출하기 위해 암중모색을 하고 있는 바이오기업들도 상당수다.

바이오업체들
CMO, CDMO 사업 진출 봇물
—

다른 어느 분야보다 세포·유전자치료제 CDMO 사업에 유독 바이오기업들이 너도나도 몰리는 이유는 뭘까. 무엇보다 세포·유전자치료제 CDMO산업의 높은 성장성과 위탁개발생산 비율이라는 업종의 특성이 자리한다. 세포·유전자치료제는 향후 5년간 연평균 31% 이상 커질 것이 예상될 정도로 급성장세다. 세계 세포·유전자치료제 CDMO 시장은 지난 2019년 1조 8,000억 원 수준에서 오는 2026년 12조 원 규모로 급팽창이 전 망된다(글로벌 시장조사기관 프로스트앤드설리번). 여기에 세포·유전자치 료제 분야는 새롭게 열리는 신시장이다보니 세포·유전자치료제 기업마다 자체 설비를 아직 제대로 구축하지 못하고 있는 사업 환경적인 특성이 자 리한다. 그러다 보니 자체개발생산보다 위탁개발생산 비율이 60%를 넘어 설 정도로 높다. 그만큼 사업성이 뛰어나다는 게 업계의 평가다.

세포·유전자치료제 CDMO 사업에 뛰어드는 국내 바이오기업들이 속출 하면서 이제는 옥석을 구분할 필요가 있다는 게 업계의 진단이다. 요컨대 CDMO 사업을 수행할 자체 역량과 경쟁력을 제대로 갖추고 있는 기업을 가려낼 시점이라는 것이다. 실제 이 사업에 진출한 업체들 면면을 살펴보 면 세포·유전자치료제를 허가받은 경험이 없거나, 일부 공정 및 제조 시설만을 보유, 단순 CMO만 수행할 수 있는 기업들이 대부분이라는 게 업계의 지적이다. 그만큼 실력보다 의욕이 앞서가는 바이오기업들이 많다는 얘기다.

전세화 테고사이언스 대표(사진: 테고사이언스)

세계 최다 세포치료제 상용화
테고사이언스 주목

———

이런 맥락에서 아직 일반인들에게 잘 알려지지 않았지만 글로벌 바이오 강소기업인 테고사이언스가 바이오업계로부터 특별한 주목을 받고 있다. 이 회사는 세계적으로 세포·유전자치료제를 상용화한 기업 가운데 가장 많은 품목 수를 자랑한다. 실제 세계적으로 현재 상용화에 성공한 세포·유전자치료제는 30여 개에 달하는데 이 중 3개가 테고사이언스 제품이다. 중증 화상 환자의 생명을 구하는 자기유래 피부 '홀로덤'을 비롯해 심한 화상 및 당뇨성 족부 궤양을 치료하는 '칼로덤', 주름 개선 치료제 '로스미르'가 그것이다.

이 회사는 세포치료제 우수 식품·의약품의 제조·관리의 기준(GMP) 시설을 확보하고 20여 년간 자가·동종유래 세포치료제 개발 및 생산에 전념해오면서 글로벌 최고 수준의 CDMO 전문성을 갖추고 있다는 게 업계의 평가다. 바이오업계는 "자체적으로 상업화에 성공한 경험이 없는 기업보다는 이미 상용화를 이뤄낸 전문 기업들이 달아오르는 세포·유전자치료제 CDMO 시장에서 최후의 승자가 될 가능성이 높다"고 내다본다.

업계의 주목을 받고 있는 테고사이언스의 전세화 대표의 전망도 크게 다르지 않다. 전 대표는 "개발부터 상용화에 성공한 경험이 있는 기업이 세포·유전자 CDMO 사업에서도 차별화된 경쟁력을 발휘할 수밖에 없다"면서 대거 바이오기업들이 뛰어들었지만 결국에는 치료제의 개발 및 허가, 그리고 판매가 상업화의 중요한 관건이기 때문에 이런 역량을 이미 보유한 소수의 기업만이 시장에서 살아남게 될 것"이라고 예상했다.

테고사이언스의 CDMO 사업은 업계 예측대로 순항 중이다. 세포변형 기술을 활용해 차세대 세포치료제를 개발하는 셀라퓨틱스바이오와 20억 원 규모의 세포치료제 CDMO 계약을 체결하며 경쟁력을 입증했다. 테고사이언스는 셀라퓨틱스바이오와 세포치료제 초기 개발부터 상용화에 이르는 전 과정에 걸친 상호협력을 위한 양해각서(MOU)를 체결하기도 했다.

전 대표는 "지난 2002년 식품의약품안전처(식약처)로부터 최초이자 유일하게 허가받은 자체 세포은행에서 CDMO 계약을 맺은 기업들에게는 세포 원료를 공급할 수 있어 개발기간을 절반 이하로 단축시킬 수 있다"고 강조했다.

원료의약품 최강자 국전약품이 꺼내든 사업다각화 카드

미국과 중국의 대립이 격화되면서 산업계 전반에 걸쳐 공급망의 중요성이 갈수록 커지고 있는 형국이다. 국내 제약·바이오산업에 있어서도 예외가 아니다. 특히 국민의 생명과 건강을 지켜내는 데 필수적인 의약품 공급망의 소중함은 지난 코로나19 대유행 당시 백신 및 치료제 부족 사태를 거치면서 크게 부각된 바 있다.

홍종호 국전약품 대표(사진: 국전약품)

안정적인 의약품 공급망을 구축하는 데 필수 조건은 원료의약품의 자급화다. 원료를 자국에서 생산, 공급하지 않고 수입에 의존할 경우 언제든 완제의약품의 공급부족 사태가 터질 수 있다.

이런 맥락에서 원료의약품의 국내 자급율이 아직도 11.9%(2022년 기준)에 그치고 있어 개선이 시급하다는 지적이다. 원료의약품의 특성상 가격이 저렴하고 마진이 낮아 국내 기업들이 외면하면서 빚어진 결과다. 원료의약품업체들에 대해 정부가 파격적인 지원책을 내놓지 않으면 원료의약품 자급율은 더욱 바닥으로 향할 전망이다.

글로벌 최고 원료의약품 기술력
일본 수출로 입증

—

국내 대표적 원료의약품 전문 업체인 국전약품의 홍종호 대표를 만나 원료의약품업계의 현황과 회사의 미래 전략 등에 대해 들어봤다. 국전약품은 원료의약품만을 전문으로 하는 국내 1위 제약기업으로 손꼽힌다.

"K바이오는 가격경쟁력이 중요한 제네릭의 특성상 값싼 중국, 인도 원료의약품에 대부분 의존하고 있다. 이런 상황에서 전염병이나 전쟁 등 비상 상황이 발생하게 되면 제약 시장은 큰 타격을 받게 되는 구조다."

홍 대표는 "완제의약품 제조사의 경우 자사 원료를 사용한 제네릭에 대해 일부 약가 우대 정책을 펴고 있지만 정작 원료의약품 제조사에 대한 정부의 직접적인 지원은 전혀 없는 상황"이라고 강조했다. 정부가 코로나 사태 이후 원료의약품 자급율을 높이겠다고 공언했지만, 여전히 말뿐인 공염불에 그치고 있는 실정이다. 그 사이 원료의약품 자급도는 매년 큰 폭으로 하락하고 있다. 실제 지난 2020년 36.5%에 달하던 자급도는 2021년에는 24.4%로, 그 이듬해에는 반토막이 났다. 사실상 원료의약품 대부분을 수입해 사용한다는 의미다.

홍 대표는 이런 열악한 사업 환경 속에서도 국전약품의 원료의약품 제조 기술력을 세계 최고 수준으로 유지하고 있다고 소개했다. 그는 "선진 의약품 시장인 일본에 원료의약품을 수출한 경험 자체가 글로벌 기술력을 입증한 것과 다름없다"고 말했다.

그는 원가경쟁력이 중요한 제네릭 원료의약품 시장에서 주요 경쟁자는 높은 시장점유율을 확보하고 있는 중국, 인도 제약사지만 최근 한계를 보이고 있다고 판단했다. 홍 대표는 "중국과 인도는 기존에는 상대적으로 느슨한 환경규제와 저렴한 인건비를 바탕으로 강한 가격경쟁력을 과시했었다"면서 "하지만 최근 중국은 미·중 갈등으로 무역장벽이 높아진데다 환

국전약품의 충북 음성 전자 소재 공장 내부 모습(사진: 국전약품)

경규제가 강화되고, 인건비가 급상승하면서 주춤하고 있고, 인도는 법률 및 사무 처리 시스템이 복잡하고 부조리해 경쟁력이 약화되고 있다'고 평가했다.

사업다각화 전자 소재 사업서
2024년 본격 매출 발생
—

그는 강화되는 규제에 대응 가능한 품질관리시스템 운영, 경쟁력 있는 가격을 구현할 수 있는 기술력(연구개발 및 제조)과 원가관리(공급망관리) 역량으로 중국 및 인도 제약사와 경쟁하면 충분히 승산이 있을 것이라고 확신했다.

2024년 국전약품은 수년간 추진해온 전자 소재 사업 분야에서 공급계약을 따내면서 결실을 볼 수 있을 것으로 예상된다. 국전약품은 500억 원을 들여 2023년 충북 음성에 전자 소재 생산 공장을 완공했다. 2024년 창립 52년을 맞은 전통 제약사인 국전약품이 제2 도약을 위해 사업다각화라는 카드를 꺼내든 셈이다. 국전약품처럼 오래된 전통 제약사가 전자 소재와 같은 전혀 다른 사업 분야로 진출하는 경우는 찾아보기 드문 경우다.

홍 대표는 전자 소재 사업 진출에 대해 "원료의약품과 소재 사업은 화학물질의 합성 기술, 안전 및 규제 준수, 고객이 요구하는 물질 제공 등과 같은 핵심역량을 공유한다"면서 "국전약품이 보유하고 있는 자본과 인프라를 활용, 소재 사업으로 진출한다면 초기 투자 비용을 절감하고 새로운 시장에서 빠르게 경쟁력을 갖출 수 있을 것으로 판단했다"고 말했다. 이미 다수 글로벌기업에서 음성공장 실사를 끝마쳤고 공급계약이 논의되고 있어 청신호가 켜진 상황이다. 2027년 이 공장에서만 매출 500억 원 이상 거두면서 사업다각화가 안정적으로 자리매김할 것으로 회사는 보고 있다.

규모 경제 달성 위한 사업다각화,
업계에 신선한 충격
—

항암 치료제 제조 사업도 홍 대표가 기대하는 새로운 성장축이다. 국전약품과 에스엔바이오사이언스의 조인트벤처인 케이에스바이오로직스는 2024년 초 독일 항암제 전문 회사인 아크비다와 항암제 유럽 판매를 위한 협약을 체결했다. 회사는 항암 치료제를 2026년부터 유럽시장에서 판매할 수 있을 것으로 보고 있다.

"국전약품의 사업다각화는 사업의 핵심 성공 요소를 공유하고 강화하는 것이다. 전자 소재 사업은 최종 고객이 다른 새로운 시장의 진출이지만 고객이 필요한 화학물질을 제공하는 것은 기존 원료의약품 사업과 다르지 않다."

'규모의 경제'를 달성하기 위한 홍 대표의 새로운 도전이 바이오라는 틀에만 갇혀 있는 K바이오에게 신선한 충격으로 작용할 수 있을지 결과가 주목된다.

2
어려운 바이오
판도 해독법

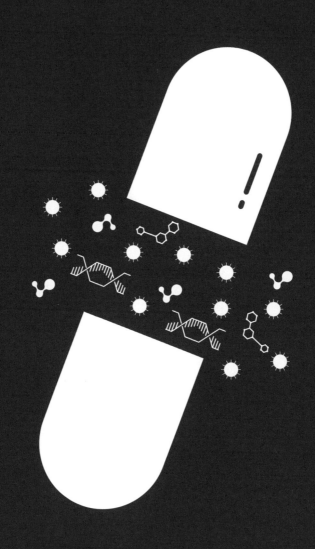

K바이오,
"정부에 맞서지 말라"

정부에 맞서지 말라(Don't stand up to the government). 정부의 정책에 반하는 비즈니스모델을 지향하는 기업에 대한 주식투자는 결단코 해서는 안 된다는 것을 의미하는 증시 격언이다. 주식투자는 물론 회사 경영에도 딱 들어맞는 얘기다. 정부 정책을 이기려는 회사는 현실적으로 지속성장

정부가 발표한 제2차 국민건강보험 종합계획(안)과 수립 추진단
회의 모습(사진: 보건복지부)

이 가능할 수가 없어서다.

정부 정책 및 규제에 가장 지대한 영향을 받는 대표적인 산업으로는 제약·바이오를 첫손에 꼽을 수 있다. 제약·바이오의 핵심사업인 신약 개발의 전 과정은 철저하게 식품의약품안전처(식약처)의 통제를 받는다. 정부 정책은 제약·바이오업계에는 가히 헌법처럼 작용한다. 그러다 보니 바이오벤처 어느 누구도 식약처 앞에서는 큰소리 한번 칠 수 없고, 모두가 한없이 초라해질 수밖에 없는 구조다.

양대 축, 혁신신약 지원 강화 vs. 복제약 가격인하 가속

2024년 2월 보건복지부(복지부)가 발표한 '제2차 국민건강보험 종합계획'은 K바이오에 대한 정부 정책의 근간을 제시하고 있어 업계 및 투자자들은 주의 깊게 들여다볼 필요가 있다. 이 계획은 국민건강보험법 제3조의2에 따라 건강보험의 건전한 운영을 위해 5년마다 정부가 수립하는 법정계획이다. 요컨대 이 정부 계획이 향후 5년간 K바이오를 규제하거나, 지원하는 데 있어 근간이 되는 셈이다.

이번에 정부가 내놓은 종합계획은 크게 혁신신약에 대한 지원은 대폭 강화하고, 반면 복제약은 가격인하를 가속화하겠다는 것을 양대 축으로 삼고 있다.

먼저 정부는 혁신신약의 적정 가치를 보상하고, 그 대상도 확대한다는 방침이다. 특히 치료 효과가 높은 중증·희귀질환 치료제 등에 대한 보장을 지속 강화해나간다는 계획이다. 생존을 위협하는 질환을 치료하기 위한 신약은 허가-평가-협상을 병행 실시, 건강보험 등재까지 소요되는 기간을 기존 330일에서 150일로 단축키로 했다. 인허가에 걸리는 기간이 절반 이상으로 줄어들게 되면서 희귀질환을 개발하는 K바이오에게는 막대한 연구개발비용을 절감할 수 있게 될 전망이다.

연구·개발(R&D)에 대한 지원은 강화하고, 필수 의약품 공급도 더욱 원활하게 하는 정책을 강화한다는 구상이다. 특히 안정적인 필수 의약품 공급망 구축에 기여한 제약기업 등에 대해서는 약가 우대를 제공하는 방안도 포함하고 있다. 예컨대 국산 원료를 사용한 국가 필수 의약품에 대한 약가 우대폭을 기존 59.5%에서 68%로 높이기로 했다. 기 등재돼 있는 국가 필수 의약품 원료를 국산으로 교체할 경우에도 상한 금액을 올린다.

반면 제네릭의약품에 대한 정부의 가격인하 정책은 더욱 거세질 것으로 예상된다. 특히 정부는 이번 계획에서 제네릭 약가에 대한 구조 개편을 통해 보험약가 지출 효율화를 이뤄내겠다는 방침이다. 현재 제네릭 약가 구조가 20개를 기준으로 차등 약가로 등재되고 있는데, 이 기준이 적정한지, 53.55% 약가 인하폭 산정식이 맞는지 등을 꼼꼼하게 살펴보겠다는 게 복지부의 복안이다.

특허가 만료된 의약품과 관련한 제네릭은 외국 최고가와 비교해 국내 약가가 더 높은 경우 가격 조정을 적극 검토하겠다는 계획도 내놓았다. 등재 연도가 오래된 의약품 중에서 임상적 유용성이 미흡한 약제를 선정, 현재 시점 기준으로 재평가해 기준에 미달할 경우에는 급여를 제한한다는 방침이다. 여기에 청구액이 많은 의약품에 대해서는 가격인하율을 상향하겠다는 계획이다.

이번에 발표한 정부의 종합계획은 제네릭 비중을 축소하고, 혁신신약 개발을 무기로 글로벌 플레이어로 도약하려는 K바이오업계의 전략과 맞닿아 있어 상당한 시너지를 낼 것으로 예상된다. 업계도 이번 정부 정책에 대해 "혁신신약에 대한 보상은 강화되고, 제네릭 가격은 인하하는 방향성이 더욱 공고해졌다"고 평가한다.

코로나19 대유행 당시 백신 부족 사태를 겪으면서 바이오는 단순한 산업이 아니라 국민 생명을 지켜내는 '필수 안보산업'이라는 것을 우리 모두 절감한 바 있다. 이런 맥락에서 정부와 K바이오가 한마음으로 혁신신약을 중심으로 한 경쟁력을 높여 글로벌 바이오강국으로 도약하려는 의지를 다지고 있다는 점은 고무적이다.

수출 의존형 한국 경제는 태생적으로 외부 경영환경 변화에 따라 지형도가 수시로 바뀌는 구조다. 산업의 흥망성쇠가 다른 어느 경쟁 국가들보다 변화무쌍하다는 평가가 나오는 주요 배경이기도 하다.

최근 한국 경제의 주력으로 급부상하고 있는 K바이오도 예외는 아니다. 특히 글로벌 제약·바이오기업들의 주요 성장전략으로 굳건하게 자리 잡은 기업 인수·합병(M&A)이나, 쏟아져 나오는 블록버스터 혁신신약 등 굵직한 대외 변수가 K바이오의 운명을 갈수록 좌지우지하는 형국이다.

전통 제약사, 신흥 바이오 강자,
대기업군 3파전
—

K바이오는 지난 100여 년이라는 기나긴 업력에도 불구하고 사실상 국내시장에 안주하면서 '우물안 개구리' 신세를 벗어나지 못했다. 이러던 K바이오가 최근 들어 글로벌시장에서 진검승부를 벌이는 것을 필수 통과 관문으로 삼을 정도로 일취월장하고 있어 주목을 받고 있다. 그만큼 K바이오를 둘러싼 대내외적인 사업 환경도 빠르게 변모하고 있는 형국이다.

급격한 바이오 환경 변화 속에서 K바이오의 글로벌 도약을 선도하고 있는 3대 축으로 유한양행, GC녹십자, 종근당 등을 주축으로 하는 전통 제약사군, 삼성바이오로직스, 셀트리온 등을 중심으로 한 신흥 바이오 강자군, SK, LG, GS, CJ, OCI 등 대기업군을 꼽을 수 있다.

K바이오 3대 축을 주인공으로 하는 '바이오 삼국지'가 앞으로 어떤 방향으로 전개될지, 누가 최종 우위를 점할지, 3대 축에서 탈락하거나 새롭게 진입할 주연이 누가 될지에 따라 향후 국내 제약·바이오산업의 지형도가 새롭게 그려질 전망이다.

셀트리온, 삼바 투 톱 신흥 바이오 강자, 대표 주자 우뚝

—

현재까지 3대 바이오 축의 성장세를 비교, 분석해보면 삼성바이오로직스(삼바)와 셀트리온을 앞세운 신흥 바이오 강자군이 압도적인 우위를 차지하고 있는 모양새다. 만약 향후 특별한 변수가 발생하지 않고 바이오 강자군이 지금처럼 고속 성장을 지속한다면 3대 바이오 축 가운데 1강 체제로 우뚝 올라설 가능성이 높다는 평가다.

실제 삼바와 셀트리온 두 회사의 2023년 매출을 합하면 6조 원에 육박한다. 국내 제약·바이오 시장규모가 25조 원 안팎임을 감안하면 이 두 회사의 매출이 K바이오 전체의 4분의 1가량을 차지할 정도로 압도적이다. 특히 삼바는 2023년 4분기 국내 동종 업계 최초로 분기 매출 1조 원을 돌파하면서 초고속 성장을 예고했다. 대부분 제약사가 분기 매출이 아니라 연간 기준 매출 1조 원을 목표로 하고 있다는 점을 감안하면 삼바의 매출 기록은 의미가 남다르다. 다만 두 회사 모두 바이오시밀러나 바이오의약품 위탁개발생산(CDMO) 등을 주력하고 있어 아직까지 혁신신약 개발과는 거리가 있는 게 한계점으로 지적된다.

K바이오를 대표하는 3대 축 가운데 가장 빠르게 세력을 확대하고 있는
신흥 바이오 강자, 삼성바이오로직스 제4 공장 전경(사진: 삼성바이오로직스)

SK, GS, CJ, OCI 등 주축
대기업군 급격 세력 확장
—

SK, LG, GS, CJ 등 막강한 자금력을 무기로 활발한 M&A 전략을 펴면서 세력을 키우고 있는 대기업군도 K바이오의 미래를 좌우할 3대 축 가운데 핵심이다. 새롭게 이 분야에 진출한 대기업군은 대체적으로 자체 신약 개발 경쟁력이 전통 제약사에 비해 다소 뒤쳐지는 약점을 지니고 있다.

대기업군은 이 단점을 국내는 물론 해외에서 잠재력 있는 제약·바이오 기업을 인수·합병하면서 빠르게 만회하는 전략을 선호한다. 인수한 기업의 신약 개발 경쟁력을 얼마나 빨리 조직에 내재화를 시키면서 시너지를 낼 수 있는지 여부가 대기업군의 미래 성장력을 결정하게 된다.

글로벌하게 공격적인 M&A 전략을 펴면서 규모의 경제를 달성한 SK그룹, 보톡스 절대 강자 휴젤을 인수한 GS, 신약 개발의 대표 주자인 한미약품그룹을 품에 안은 OCI그룹 등이 눈여겨봐야 할 대기업군의 선두 주자로 손꼽힌다.

전통 제약사,
성장 더뎌 다른 두 세력 대비 열세
—

유한양행, GC녹십자, 종근당, 보령제약 등 내로라 하는 전통의 제약 강자들은 나름 지속적인 성장세를 유지하고 있으나 당분간 큰 폭의 도약은 기대하기 어려운 상황이다. 바이오시밀러나 CDMO 등을 기반으로 급성장세인 신흥 바이오 강자군이나 인수·합병을 통해 속속 규모의 경제를 달성해나가는 대기업군에 비해 전통 제약 강자들은 성장세가 상대적으로 더딘 모습이다.

열악한 자금력에도 자체적으로 신약 개발을 진행해나가다 보니 다른 바이오 핵심축들에 비해 불리한 성장 구조다. 전통 제약사들은 이번 한미약품그룹이 OCI그룹과 혈맹을 맺는 전략으로 성장 돌파구를 마련했듯이 동종 및 이종 기업 간 합종연횡을 추진하는 것도 적극 검토해야 할 시점이다. 이미 글로벌제약사들은 성장을 위한 제1의 경영전략으로 M&A를 채택, 시행해온 지 오래다. 자체 성장만을 고집하다간 더딘 성장세 탓에 자칫 K바이오 3대 축에서 탈락하면서 순식간에 마이너리그로 전락할 수도 있는 상황이다.

전통 제약사군과 대기업군
상호 합종연횡 절실
—

    이제 K바이오가 한국 경제를 선도해나갈 핵심 성장동력이라는 데는 모두가 수긍하고 있다. K바이오를 글로벌하게 이끄는 선봉장은 결국 한국 경제를 책임지는 핵심 기업이 되는 셈이다. 현재는 삼바와 셀트리온을 선봉으로 하는 신흥 바이오 강자군이 독주를 하는 형국이지만 대기업군과 전통 제약사군이 서로 합종연횡을 활발하게 이뤄낸다면 강력한 경쟁군으로 부상할 수 있는 구도다. K바이오를 대표하는 3대 축이 모두 선의의 경쟁을 하면서 속속 글로벌기업으로 도약, 세계시장에서 선전하는 날이 하루빨리 왔으면 하는 바람이다.

바이오 '성장통'

"조만간 연구개발 중인 신약 기술을 수출하거나, 추가로 투자를 유치하지 못하면 회사 미래를 장담할 수 없는 절체절명의 순간을 맞고 있습니다."

얼마 전 만난 한 바이오벤처 대표의 하소연이다. 이 회사는 한때 유망하고 차별화된 신약 개발 플랫폼을 내세워 상당한 투자금을 끌어모으며 업

서울 방배동에 위치한 한국제약바이오협회 전경(사진: 한국제약바이오협회)

계의 부러움을 한 몸에 받았다. 신약 파이프라인을 대폭 확대하고, 연구 인력도 의욕적으로 늘리면서 공격적인 사업전략을 펴온 기업이었기에 이 날 이 대표의 발언은 상당한 충격으로 다가왔다.

2023년부터 본격화된 바이오 투자 가뭄이 2024년에도 지속되면서 K바이오는 이 업체처럼 그야말로 생존을 위협받는 상황에 내몰리며 절치부심(切齒腐心)하면서 새해를 맞이하고 있다. 투자가 끊기고 곳간이 거덜나면서 신약 연구개발을 중단하고, 구조조정에 들어가거나 매물로 회사를 내놓는 바이오벤처가 지금도 속출하고 있다. 여느 때보다 바이오기업 간 인수·합병(M&A)이 빈발하게 된 배경이기도 하다.

연구개발 자금 바닥,
본업 신약 개발 중단 속출
—

특히 신약 상용화에 이르지 못하고, 기술수출마저 결실이 없는 대부분 바이오벤처는 사실상 매출이 수년째 전무한 상황이어서 투자 갈수기는 치명적인 후폭풍으로 몰아닥쳤다. 주식시장에 상장, 샴페인을 터뜨렸던 바이오벤처 상당수는 이제 누적된 적자 등으로 상장폐지 위기에 내몰리고 있다.

바이오벤처의 본업인 신약 개발이 매출로 이어지려면 최소 십수 년에 걸쳐 막대한 연구개발비를 투입해야 하는 업의 특성상 회사 자금의 고갈은 곧바로 회사의 존폐를 결정짓는 요인으로 작용하고 있다. 살아남기 위해 시장성이 막대한 신약 기술을 외국 기업에 통째로 헐값에 넘기는 바이오벤처들도 생겨나고 있다. 그나마 미리 정상적인 조건으로 신약 기술수출에 성공하거나 연관 사업 분야인 화장품, 건강기능식품 등으로 안정적 수입원을 확보한 바이오벤처들은 외풍에 흔들리지 않고 신약 연구개발을 지속하고 있어 희망을 준다.

투자 시황이 악화된 것이 지금 바이오벤처업계가 겪고 있는 혹독한 시련의 핵심 원인이지만 일정 부분은 업체들에게도 책임이 있다는 지적이다. 얼마 전까지 몰려드는 투자자금으로 본업은 소홀히 하고, 부동산에 투자하는 등 흥청망청 돈놀이에 열중하는 바이오벤처들이 넘쳐났다. 과도한 의욕을 앞세우며 신약 파이프라인을 지나치게 확장하는가 하면, 조직규모를 확대하느라 정작 핵심기술 경쟁력을 높이는 것을 등한시했다. 투자 풍년 뒤에 흉년이 오리라는 것을 미리 대비하지 못한 것이다.

경쟁력 있는 신약 기술 보유 기업은
자금조달 성공

투자 가뭄이라지만 잠재력을 입증한 신약 파이프라인을 보유하고 있는 바이오벤처들은 성공적으로 투자 유치를 이뤄내고 있어 대조적인 모습을 보이고 있다. 투자 가뭄을 남의 얘기로 만든 바이오벤처들의 공통점은 잘할 수 있는 신약 개발 분야에만 회사의 역량을 집중해왔다는 점이다. 남들이 풍부한 투자 유치 자금을 바탕으로 과도한 외형 확장 등에 한눈을 팔고 있을 때 이들 바이오벤처는 초심을 잊지 않고 본업에 전념한 게 어려울 때 빛을 보게 된 배경이다.

돌이켜보면 수년 전까지 바이오 섹터에 물밀듯 몰려들었던 투자자금은 K바이오의 성장동력으로 작용하기도 했지만 한편으로는 바이오 거품을 키운 장본인 역할을 했다. 그러다 보니 과거 IT 버블 때처럼 바이오라는 단어만 회사 이름에 붙어 있으면 변변찮은 신약 파이프라인만으로도 투자를 어렵지 않게 받아낼 수 있었다.

현재 옥석 가리기,
K바이오 한 단계 도약 위한 성장통
—

지금의 바이오 투자 빙하기는 결과적으로 신약 경쟁력이 부족한 바이오 벤처들을 털어내고, 차별화된 잠재력을 지닌 신약 기술을 확보하고 있는 업체들을 선별하는 작용을 하고 있다. 요컨대 지금 K바이오는 한 단계 도약을 위해 '옥석 가리기'라는 '성장통'을 호되게 앓고 있는 셈이다. 이왕 거쳐야 하는 성장을 위한 통과의례라면 되도록 그 기간이 짧았으면 하는 바람이다. 그러면서도 옥석 가리기는 이 기회에 확실하게 진행됐으면 한다. 그래야만 불신의 눈초리를 받고 있는 바이오업계에 대한 세간의 신뢰를 높이고, 한국 경제의 미래를 짊어질 핵심 산업이라는 것을 증명할 수 있는 토대가 마련된다.

2023년은 K바이오에게 유난히 고난으로 점철된 한 해였지만, 2024년은 고진감래(苦盡甘來), 풍성한 결실을 맺는 수확의 황금기가 되길 기대해본다. 부디 지금 K바이오가 겪고 있는 성장통이 글로벌 제약강국으로 도약하는 데 기름진 밑거름이 됐으면 하는 바람이다.

'계륵' 중국 바이오, K바이오 공략법

후한서(後漢書) 양수전에서 유래한 닭갈비를 뜻하는 '계륵(鷄肋)'이라는 말은 큰 이익은 없지만 그렇다고 버리기에는 조금 아까운 것을 의미한다. 위나라 조조가 촉나라 유비와 한중(漢中) 지역을 놓고 싸울 때 조조가 한중 지역이 계륵과 같다며 군사 암호로 이 단어를 사용한 게 계기다. 당시 유비는 한중 지역을 먼저 점령하고 철저한 수비로 조조의 공격을 번번이 격퇴했다. 그렇다 보니 조조로서는 한중 지역을 빼앗기가 힘든 상황이었다. 그렇다고 포기하자니 토지가 비옥한 한중 지역이 조조는 못내 아까운 처지였다.

미국(790조) 이어
세계 2위 중국(330조) 매력 높아져
—

계륵이라는 말을 꺼낸 것은 오늘날 해외시장 공략이 살길인 한국 경제에 있어 세계 거대 시장인 중국이 우리에게 마치 계륵과 같은 존재로 전락하고 있는 게 아닐까 하는 생각이 들어서다. 한때 파죽지세로 중국시장을 호령하던 한국 경제의 주력산업인 자동차, 스마트폰, 전자제품, 디스플레이는 물론 열풍을 일으켰던 K뷰티까지 사실상 중국시장에서 내쫓기는 처지에 놓여 있다.

그 뒷단의 한복판에는 중국 정부의 자국 기업에 대한 전폭적인 보조금 정책 등 '기울어진 운동장'이 자리한다는 것은 모두가 주지하는 바다. 그렇다고 거대 시장인 중국을 내칠 수도 없는 한국 기업들은 그야말로 진퇴양난인 형국이다.

그렇다면 최근 미국에 이어 절대강자로 급부상하고 있는 중국 바이오 분야에서도 한국 기업들은 여타 주력산업의 전철을 예외 없이 또다시 밟게 될까. 중국 제약·바이오 시장은 규모가 330조 원으로 커지면서 미국(790조 원)에 이어 확고한 세계 2위 시장으로 자리매김했다. K바이오로서는 결코 놓칠 수 없는 황금 시장인 셈이다. 참고로 한국 제약·바이오 시장규모는 20조 원이 조금 넘는 수준이다.

북경한미가 내놓은 감기약 이탄징은 2022년 1,312억 원어치가 팔릴 정도로 현지에서 대표적인 어린이 감기약으로 자리매김했다(사진: 한미약품)

중국 바이오기업들의 급속한 신약 개발 기술 성장은 이제 세계 바이오 메카인 미국도 인정하는 상황이다. 실제 2023년 11월에는 중국 상하이 쥔스바이오사이언스가 개발한 면역 항암제 '로크토르지'가 미국 식품의약국(FDA) 최종허가를 받았다. 중국에서만 임상을 진행한 신약에 대해서는 평가절하하며 허가를 내주지 않던 FDA가 180도 태도를 바꿔 신약 승인을 하기는 처음이다.

K바이오 현지법인,
기술수출로 중국시장 공략 가속

K바이오는 중국시장 공략을 위해 크게 중국 업체와 합작으로 현지법인 및 공장을 설립하거나 신약 기술 수출, 완제품 수출 등의 전략을 펴고 있는 상황이다. 최근 들어 이런 전략을 통해 거대 중국 바이오 시장 공략에서 혁혁한 성과를 거두는 K바이오가 속속 등장하고 있어 고무적이다.

중국시장 공략에 성공한 대표적인 K바이오로는 신약 개발의 강자 한미약품이 첫손에 꼽힌다. 한미약품은 지난 1996년 K바이오 최초로 중국 현지법인을 설립, 중국시장 공략에 나섰다. 한미약품의 중국법인인 북경한미는 2023년 회사 전체 매출의 4분의 1 수준인 4,000억 원 돌파를 앞두고 있을 정도로 중국 현지에 안착했다. 특히 감기약 이탄징은 중국인들로부터 '국민감기약'으로 자리매김하면서 2022년에만 무려 1,312억 원어치가 팔렸다.

팜이데일리가 2011년부터 2022년까지 중국 기업에 신약 기술을 수출한 K바이오를 집계해본 결과 모두 35곳에 달할 정도로 대중국 기술수출 전선은 뜨겁게 달아오르고 있다. 이 가운데 LG화학, 지아이이노베이션, 앱클론, 레고켐바이오사이언스 등이 기술수출한 신약은 임상이 빠르게 진행되고 있어 결과가 주목된다.

탁월한 약효 혁신신약
중국 보호주의 예봉 피하는 해법
—

이처럼 K바이오의 중국시장 공략은 지금까지는 미약하지만 어느 정도 성과를 거두고 있는 상황이다. 하지만 자칫 중국에서 승승장구하다 지금은 그로기 상태에 놓여 있는 한국 주력산업의 뒤를 K바이오도 언제든지 따를 수 있어 선제적으로 대책 마련이 시급하다는 지적이다.

무엇보다 K바이오는 다른 산업과 차원이 다른 바이오산업만의 고유한 업종의 특성을 적극 활용해야 중국시장에서 승산이 있다. 여타 제품 및 서비스와 달리 의약품은 중국 인민의 건강 및 생명과 직결돼 있다는 특성이 있다. 세상에 대체재를 찾아보기 힘든 탁월한 약효를 지닌 혁신적인 신약으로 중국시장을 공략한다면 중국 정부의 보호주의도 힘을 제대로 쓸 수 없게 되는 업종이 바로 바이오다.

중국 인민의 건강과 생명을 지켜주는 데 있어 효과가 탁월한 신약을 K바이오가 개발할 경우 중국 정부가 보호주의를 내세우며 마냥 외면만 할 수는 없게 될 것이다. 결국 원론적인 얘기로 돌아간 듯하지만 신약 연구개발에 매진, 혁신신약을 속속 개발하는 것만이 중국시장에서 여타 한국 주력산업의 실패를 반복하지 않을 수 있는 가장 효과적인 해법이다. 부디 K바이오에게만은 중국시장이 계륵이 아니라 먹을 게 많은 닭 가슴이나 닭 다리로 자리잡았으면 하는 바람이다.

의대 정원 확대, K바이오에 절호 기회

정부가 주도하는 의대 정원 대폭 확대 프로젝트가 급물살을 타고 있다. 일각에서는 턱없이 부족한 의사 수를 충원하기 위해서는 의대 정원을 최소 2,000명 정도는 늘려야 한다는 목소리가 나오고 있다. 의사 단체는 물론 전공의들은 정부의 대책 없는 대규모 의대 정원 증원에 결사 반대하는 형국이어서 귀추가 주목된다.

정부가 의대 정원을 증원하려는 목적은 주지하다시피 더 늦기 전에 선제적으로 충분한 의사 규모를 확보, 국민 건강권을 강화하기 위해서다. 하지만 여기에 그치지 않고 나아가 이번 의대 정원 확대를 계기로 의사과학자, 의사 출신 바이오 사업가들을 대거 양산하는 인프라를 구축, K바이오를 한 단계 도약시키는 발판을 마련했으면 하는 바람이다.

의사, 급성장 바이오산업
글로벌 경쟁력 제고에 큰 도움
—

K바이오는 한국 경제의 성장을 견인하는 핵심 산업으로 급부상하고 있어 각별하게 세간의 주목을 받고 있는 산업 분야다. 특히 글로벌 의약

품 시장규모는 1,600조 원에 달할 정도로 다른 어느 산업군보다 덩치가 크다는 점에서 K바이오의 팽창은 한국 경제의 미래를 위해서도 다행스러운 일이다.

하지만 K바이오가 성장세를 지속하며, 글로벌 경쟁력을 확보하고 제약 강국으로 도약하려면 이를 뒷받침할 만한 전문 인력이 절대적으로 필요하다는 지적이다. 요컨대 의사과학자, 의사 출신 바이오기업인들이 대거 양산되는 생태계가 뒷받침되어야 제약강국 진입이 가능하다는 얘기다.

아직 숫자는 그리 많지 않지만 의사과학자, 의사 출신 바이오기업인들은 이미 K바이오 성장을 주도하는 핵심 선봉장으로 맹활약을 하고 있다. 그만큼 의사 출신 기업인들은 바이오산업의 특성상 다른 어느 분야 전문가보다 혁혁한 사업 성과를 낼 수 있는 경쟁력을 갖추고 있다는 것을 반증한다.

특히 의사 출신 바이오 사업가들은 바이오 시장에 대한 이해도가 남다르다는 점에서 차별화된 사업 경쟁력을 갖추고 있다. 무엇보다 이들은 각종 질환에 대한 이해도가 높고, 환자가 무슨 약을 필요로 하는지를 꿰뚫고 있다.

여기에 신약 개발에 있어 핵심 과정인 임상시험에 대한 숙련도와 이해도가 높아 바이오 사업을 벌이기에 누구보다 유리한 고지를 선점하고 있다. 의사 출신 바이오 창업자들이야말로 K바이오를 글로벌시장에서 반석 위에 올려 놓을 수 있는 최적임자라는 평가가 나오는 배경이다.

얼마 전 타계한 동아쏘시오그룹의 강신호 명예회장, 국내 1위 유전체분석 서비스 업체인 마크로젠의 서정선 회장, 국내 대표 줄기세포치료제 업체인 메디포스트를 창업한 양윤선 의장, 마이크로바이옴을 활용, 항암제를 개발하는 지놈앤컴퍼니의 배지수 대표, 글로벌 임플란트 전문 기업 오스템임플란트의 최규옥 회장, 글로벌 미생물 세포외소포(EV) 전문 기업인 엠디헬스케어의 김윤근 사장, 면역세포치료제 전문 기업 바이젠셀의 김태규 대표 등이 대표적인 의사 출신 바이오 사업가로 손꼽힌다.

의과학자 양성 프로그램도
대거 확대 필요 있어
—

현재 포항공대, 카이스트 등 일부 대학교에서 의사과학자 양성 과정을 운영 중이지만 다 합쳐봐야 연간 20~30명 정도의 전문 인력만을 배출하고 있어 그 규모가 태부족인 실정이다. 정부는 이번 의대 정원 확대를 추진하면서 부족한 의사 수를 충원하는 것에 그치지 말고, 부디 바이오산업 육성에 필요한 의사 출신 전문 기업인들도 대거 양성하는 생태계를 구축하는 일거양득의 정책을 펼쳤으면 한다.

"내가 의사로서 제약인의 길을 선택한 이유는 단 하나다. 의사는 개인을 살릴 수 있지만 제약기업은 더 많은 환자를 살릴 수 있다는 신념 때문이었다."

강신호 동아쏘시오홀딩스 명예회장이 생전에 남긴 말씀에는 의대 정원 확대가 바이오산업의 도약기를 여는 또 하나의 계기가 될 수 있다는 뜻도 담겨 있다고 본다.

세계 제약판 뒤흔드는 '위고비'와 K바이오

세계 제약산업의 판을 송두리째 뒤흔들고 있는 해외 제약사가 연일 세간의 화제가 되고 있다. '노보노디스크' 얘기다. 덴마크 경제성장을 견인하고 있는 글로벌제약사인 노보노디스크는 얼마 전까지 우리에게는 잘 알려지지 않은 머나먼 유럽 대륙에 자리한 평범한 회사였다.

노보노디스크,
위고비 앞세워 세계 제약산업 평정
—

하지만 비만 및 당뇨 치료제인 위고비와 오젬픽의 세계적 히트에 힘입어 이제 노보노디스크는 우리에게 상당히 친숙한 기업으로 자리매김하고 있다. 이 두 약은 없어서 못 팔 정도로 대표적인 글로벌 블록버스터 의약품으로 우뚝 섰다. 최근에는 영국, 미국 등에서 이 두 약의 공급부족을 악용, 짝퉁 약을 제조·유통하다 적발된 사례가 늘고 있을 정도로 인기가 폭발적이다. 의약품 분야에서 짝퉁이 등장하는 것은 세계적으로 극히 이례적인 현상이다.

오젬픽은 2023년 상반기에만 8조 원어치가 팔렸는데 직전 연도 같은 기간보다 58% 늘어났다고 한다. 이 회사가 보유하고 있는 또 다른 블록버스터인 위고비는 이 기간 2조 3,000억 원의 매출을 거뒀다. 전년 동기 대비 거의 4배 가까이 증가할 정도로 대약진을 거듭하고 있다.

두 약품의 대성공에 힘입어 노보노디스크는 이제 유럽에서 가장 몸값이 비싼 회사로 등극했다. 2024년 3월 25일 기준 이 회사의 시가총액은 584조 원에 달한다. 최근 요동하는 글로벌 반도체 패권 싸움으로 주가가 상승하고 있는 한국의 간판 기업인 삼성전자를 100여조 원 따돌리고 있을 정도다.

진화해온 노보노디스크 로고가 업력을 말해준다(출처: 노보노디스크 홈페이지)

비만, 당뇨 치료제 개발 위해
K바이오 대거 출사표
—

노보노디스크의 성공에 자극을 받아 K바이오도 한미약품을 선두로 대거 비만·당뇨병 치료제 개발에 나서고 있는 모습이다. 1923년 설립된 이 회사는 지난 한 세기 동안 당뇨병 치료제라는 한 우물만 파오다 큰 빛을 보고 있는 케이스다. 노보노디스크가 입증한 '선택과 집중' 전략의 실효성은 우리 K바이오에게도 시사하는 바가 크다.

무엇보다 비만·당뇨 치료제 개발에 나선 K바이오는 후발 주자로서 노보노디스크를 넘어서기가 쉽지만은 않을 것이다. 특히 이미 노보노디스크가 히트시킨 당뇨·비만 치료제보다 약효, 안전성, 사용 편리성에서 우위를 점하는 치료제를 개발한다는 것이 만만치 않을 전망이다. 여기에 당뇨·비만 치료제 개발을 하려면 임상 기간이 다른 약보다 절대적으로 길고 글로벌 임상 비용 또한 최소 수천억 원이 들어가기에 K바이오에게는 힘든 여정이 될 것이다.

노보노디스크 당뇨병
'한 우물' 전략 벤치마킹해야
—

아직 매출 1조 원을 넘어서는 글로벌 블록버스터 신약 하나 확보하지 못하고 있는 K바이오에게 노보노디스크의 성공 사례는 상당한 자극과 반면교사로 작용하고 있다. 그렇지만 급할수록 돌아가야 한다. 자체적으로 신약 개발을 위한 글로벌 임상3상까지 수행하고 상용화를 이룬다는 것은 아직 K바이오에게는 버거운 일이다. 그럼에도 제약강국으로 도약하기 위해서는 반드시 거쳐야 하는 필수 관문이니 피할 수는 없는 노릇이다. 언제까지고 자체 상용화를 포기하고, 신약 개발 중간에 기술수출을 성사시키는 것에 만족하고 머물러서는 안 된다.

요컨대 시장성이 밝고 잘할 수 있는 분야에서, 장기간 한 우물을 파는 전략을 고수해야만 K바이오도 제2, 제3의 노보노디스크로 도약할 수 있는 가능성이 생긴다. 특히 규모의 경제를 확보하지 못해 연구개발 자금력이 절대적으로 열악한 K바이오가 글로벌 플레이어로 성장하기 위해서는 노보노디스크처럼 '선택과 집중' 전략을 실천해야 승산이 있다.

기울어진 운동장과
200년 제약 서구 패권

1760년대부터 영국에서 시작된 산업혁명은 세계를 서구 중심의 자본주의로 재편하는 결과를 가져왔다. 지금도 큰 틀은 그대로 유지되고 있다고 볼 수 있다.

1668년 설립된, 세계에서 가장 오래된 제약사인 독일 머크의 본사 전경
(ⓒ Merck KGaA, Darmstadt, Germany)

산업혁명 이후 주요 글로벌 제조산업인 자동차, 조선, 반도체, 철강, 전자제품 등은 얼마 전까지 모두 미국, 유럽 등 서구 자본주의 국가의 기업들이 쥐락펴락하면서 사실상 패권을 장악해왔다. 하지만 시간이 흐르면서 일본을 선두로 한국, 중국 등이 잇달아 이들 산업의 신흥 패자로 자리매김하면서 서구 독식 시대의 종말을 예고하고 있는 형국이다.

세계 10대 제약사 모두 서구 기업,
아시아 전무
—

세계 주요 산업의 패권이 서구에서 주로 아시아로 중심축이 옮겨지고 있지만, 유독 수백 년간 꿈쩍하지 않고 서구 자본주의가 굳건하게 패자로서 군림하는 분야가 남아 있다. 바로 제약산업이다. 글로벌 제약산업은 시장규모가 2021년 기준 1,826조 원(피치솔루션스)에 달할 정도로 다른 어느 산업보다도 압도적으로 큰 덩치를 자랑한다.

실제 매출 기준 글로벌 상위 10대 제약사 면면을 보더라도 모두 예외 없이 서방 선진국 기업들이다. 화이자, 존슨앤드존슨, 로슈, 머크, 애브비, 노바티스, 브리스톨마이어스스큅(BMS), 사노피, 아스트라제네카, 글락소스미스클라인(GSK) 등이 그들이다. 아시아 기업은 전무하다. 독일의 머크(1668년)를 기점으로 유럽 제약회사들이 본격적으로 등장하기 시작한 것은 1800년대 중반이다. 그 이후 유럽과 미국 제약회사들이 글로벌 제약산업을 지속적으로 장악해왔다. 서방 선진국들의 제약산업 패권은 300년 가까이 이어지고 있는 셈이다.

서양의학을 근간으로 글로벌 제약산업이 탄생, 성장해온 것이 선발 주자인 서방 선진국 기업들이 패권을 지속적으로 장악할 수 있게 해준 결정적인 비결일 것이다. 여기에 글로벌 블록버스터 신약 하나 만들려면 수년에 걸쳐, 수조 원에 달하는 연구개발비를 투입해야 하는 까다로운 업의 특성도 한국을 비롯한 후발 주자들의 도전정신을 눌러오면서 선발 주자들의 장기 독주 체제를 가능하게 했다.

글로벌제약사에 일방 유리
'기술도입' 문화가 패착

하지만 유럽, 미국 중심의 제약산업 장기 패권을 가능하게 만들고 있는 치명적인 패착은 업계에 만연해 있는 '라이선스 아웃(기술수출)' 기업문화이다. 글로벌제약사들은 시장잠재력이 크고, 신약 상용화 가능성이 높은 신약 후보들을 입도선매식으로 경쟁적으로 사들이고 있는 추세다. K바이오를 포함한 후발 주자들은 자체적으로 신약물질을 상용화할 수 있는 역량과 자금력이 부족하다 보니 기술수출에 사활을 걸고 있는 게 현실이다.

그러다 보니 글로벌제약사들은 세계 곳곳에서 후발 주자들이 어떤 신약 물질을 개발하고 있는지를 현미경으로 들여다보듯 세밀하게 파악하고 있다. 이들이 엄선해 기술수입한 신약물질은 당연히 상용화 가능성이 높고, 그 결과 신약 연구개발 및 상용화의 결실 대부분을 독식하게 되는 구조다.

요컨대 신약 기술도입을 둘러싸고 글로벌제약사들에게 일방적으로 유리하게 짜인 '기울어진 운동장'을 바로잡지 않으면 미국, 유럽 중심의 제약 패권은 당분간 지속될 수밖에 없다. 그러려면 무엇보다 매출이 조 단위를 넘어설 수 있는 글로벌 블록버스터 신약 후보를 글로벌제약사들에 지금처럼 기술수출하지 않고, 자체 상용화까지 이어지게 할 수 있는 산업 생태계 구축이 절실하다. 이 생태계가 이뤄지지 않으면 제약강국은 언감 생심일 뿐 아니라 서방 선진국의 제약 패권은 앞으로 더욱 공고해지게 될 것이다.

이재용과 서정진의
엇갈린 행보

한국 바이오업계의 양대 산맥으로는 단연 삼성바이오로직스(삼바)와 셀트리온이 꼽힌다. 100여 년 역사를 자랑하는 한국 제약사에서 양사는 출범한 지 10~20여 년에 불과한 후발 주자이지만 이제 K바이오를 대표하는 신흥 강자로 우뚝 섰다.

특히 삼바는 지난 2022년 K바이오업계 최초로 매출 3조 원을 돌파하는 저력을 보이면서 주목을 받고 있다. 셀트리온도 매년 어지간한 대형 제약사의 연 매출과 맞먹는 7,000억 원 안팎의 영업이익을 거두며 글로벌 경쟁력을 증명하고 있다. 삼바는 위탁개발생산(CDMO) 분야에서, 셀트리온은 바이오시밀러 영역에서 각각 이미 글로벌기업으로 자리매김하고 있다는 평가를 받는다.

세계적 바이오기업으로 도약한 양사가 K바이오업계 전체에 미치는 파급효과도 갈수록 커지고 있다. 삼바의 성공에 자신감을 얻은 국내 대기업 및 바이오기업들이 CDMO 사업에 경쟁적으로 신규 진출하는 것이 대표적이다. 바이오시밀러를 신규 성장동력으로 키우려는 제약사들이 느는 것도 셀트리온 성공 신화가 만들어낸 새로운 흐름이다.

이-바이오를 제2 반도체로,
서-글로벌 신약 회사 도약

———

　이런 맥락에서 최근 활발하게 경영활동을 벌이고 있는 이재용 삼성전자 회장과 서정진 셀트리온 회장의 대조적인 행보에도 세간의 관심이 집중된다.

　이재용 회장은 미국, 유럽 등 선진국 출장 때마다 글로벌 바이오기업 수장들을 잇달아 만나 바이오 사업의 협력 방안을 논의하는 것으로 알려진다. 이 회장은 2023년 미국 출장에서도 존슨앤드존슨, 브리스톨마이어스스큅(BMS), 바이오젠, 오가논, 플래그십파이어니어링 등의 대표들과 회동, 사업 협의를 벌인 것으로 알려졌다. 반도체 성공 DNA를 바이오 사업에서 반드시 재현시키겠다는 게 이 회장의 포부다.

　2023년 초 그룹의 사령탑으로 복귀한 서정진 셀트리온 회장은 글로벌 신약 개발 전문 회사로 도약하겠다는 전략을 대내외에 선포했다. 4조~5조 원에 달하는 막대한 자금을 동원, 글로벌 바이오기업의 공격적 인수·합병(M&A)을 통해 신약 파이프라인을 단기간에 대폭 강화한다는 계획도 내비쳤다.

　두 수장의 바이오 사업 육성 전략은 겹치는 공통분모가 거의 없지만 사실상 앞으로 K바이오업계의 미래를 결정짓는 상수로 작용할 가능성이 높다. 이 회장은 삼바를 CDMO 분야에서 확고한 초일류 기업으로 도약시키는 것을 목표로 하고 있다. 서 회장은 현재 주력사업인 바이오시밀러를 뛰어넘어 글로벌 신약 개발사로 셀트리온을 키워낸다는 전략이다.

신약 개발·CDMO 양대 축,
K바이오 제약강국 도약 예고

—

삼바가 CDMO 분야에서 글로벌 절대 강자로 부상하게 되면 K바이오업계 전체적으로도 CDMO산업에서 글로벌 경쟁력을 확보, 주력산업으로 급부상할 확률이 높아질 것이다. 셀트리온이 글로벌 블록버스터 신약을 보유한 신약 개발 전문사로 거듭나게 되면 K바이오업계의 신약 개발 경쟁력도 덩달아 크게 상승하는 파급효과를 가져올 것이다. 특히 매출 1조 원이 넘는 글로벌 블록버스터 신약을 1개도 확보하지 못한 K바이오로서는 셀트리온처럼 막대한 자금력과 신약 개발 역량을 갖춘 회사가 신약 개발에 집중하겠다고 나선 것은 고무적이다.

요컨대 두 수장의 바이오 사업 목표가 성공적으로 이뤄지게 되면, K바이오는 글로벌 경쟁력을 갖춘 '신약 개발과 CDMO'라는 양대 축을 기반으로 제약강국으로 도약하려는 오랜 숙원을 풀어낼 계기를 확보할 수 있을 것으로 기대된다.

바이오에 국운을 걸어야 하는 까닭

　최근 급성장세로 세간의 주목을 한 몸에 받고 있는 K바이오지만 속을 들여다보면 수출이 목숨줄인 한국에게는 최우선으로 국가 자원과 역량을 집중해야 할 산업이라는 결론이다.

　한국의 산업화 과정을 요약하면 '모방전략'과 '압축성장'이다. 이 방법이 먹혀들면서 한국은 단기간 선진 경제 대열에 합류할 수 있었다. 한국의 이런 경제 급성장 전략을 이제 중국이 고스란히 따라하면서 중국은 한국 경제를 위협하는 최대 리스크로 자리매김하고 있다. 실제 반도체, 자동차, 전기차, 스마트폰, 조선·선박, 배터리, 2차 전지 등 한국 경제의 핵심산업 모두 중국과 대척점에 서 있다. 중국은 이들 산업 가운데 상당 부분에서 이미 우리를 추월했거나 돌파를 눈앞에 두고 있다. 한국은 이들 산업에서 중국의 추격을 따돌리고 초격차를 벌이려고 애쓰지만, 우리가 일본을 돌파했듯이 뜻대로 되지 않을 가능성이 높다.

바이오, 중국의 모방전략,
압축성장 적용 어려운 특수 산업
—

중국이라는 최악의 경쟁자를 제압하고 한국 경제의 지속적 성장을 담보하기 위해 바이오에 주목을 해야 하는 배경이다. 바이오는 산업의 독특한 특성으로 중국이 실천하고 있는 모방과 압축성장 전략이 실효를 거두기가 가장 난해한 분야다. 우선 신약은 성분을 아무리 분석해 모방을 하려고 해도 기본적으로 불가능하다. 여기에 신약 특허권리는 평균 20년을 보장받으면서 퍼스트 무버(first mover)가 승자독식을 하는 게임이다. 보통 10여 년이라는 긴 세월 동안 임상시험 과정을 거쳐야 하는 것도 압축성장을 원천적으로 불가능하게 만드는 바이오산업의 핵심적 특징이다.

다행히 K바이오는 지난 20여 년간 고난의 시기를 이겨내면서 숙성을 해왔다. 김대중 전 대통령이 1990년대 말부터 바이오벤처 육성을 위해 정부 예산을 쏟아부으면서 K바이오 생태계가 탄생했다. 최근 K바이오 기술수출과 신약 개발이 봇물을 이루는 것도 강산이 두어 번 바뀔 동안 K바이오가 끊임없이 시행착오를 거듭하면서 쌓아온 내공과 역량이 있기에 가능했다.

다른 어느 산업보다 규모가 월등히 큰 세계 바이오 시장은 수출강국 한국에게는 더없는 매력을 선사한다. 글로벌 제약·바이오 시장규모는 1,644조 원(한국제약바이오협회, 2021년 기준)으로 세계 자동차(500조 원) 및 반도체 시장(400조 원)을 합한 것보다 더 크다. K바이오가 거둔 2022년 전체 수출 규모가 불과 13조 원(세계 시장점유율 0.7%)에 그친 점을 감안하면 성장잠재력도 무궁하다.

윤 정부가 바이오에 미래를 건다면 중국 리스크를 최소화, 지속적 한국 경제성장을 이끌어낼 수 있을 뿐 아니라 성공한 '경제 대통령'이라는 평가도 받을 수 있는 최선의 선택이 될 수 있을 것이다.

블록버스터 확보가
제약강국 지름길

"지금처럼 초기 신약후보물질만을 대상으로 정부자금을 나눠 주기식으로 지원하는 방식으로는 별다른 성과를 거둘 수 없다. 이제는 상업화까지 이룰 가능성이 높은 임상2~3상 단계에 있는 신약만을 엄선해 집중 지원해야 할 시점이다."

국가의 제약·바이오 연구개발 지원 정책에 있어 지금부터는 '선택과 집중' 전략을 펴야 한다는 업계의 목소리가 높아지고 있다. 얼마 되지 않는 연구개발 지원금을 수많은 제약사들에게 쪼개 주다 보니, 결과적으로 한국은 여전히 글로벌 블록버스터 하나 보유하지 못하고 있는 형편이라는 것이다.

혁신신약 임상 2~3상에
지원 집중해야
—

특히 정부 지원 예산은 연구개발 과정에서 가장 많은 비용이 들어가는 임상3상은 정작 배제하는 실정이어서 신약 상용화를 노리는 기업들에게는 별 도움이 되지 않는다는 평가다. 글로벌 블록버스터가 되기 위해 필수적으로 거쳐야 하는 글로벌 임상3상은 평균 수천억 원 안팎의 비용이 소요된다. 자금력이 부족한 국내 기업들이 임상3상은 꿈도 못 꾸고 신약 개발을 중도에서 포기하면서 기술수출에 목매는 이유이기도 하다.

정부가 제약·바이오업계의 연구개발 지원금으로 책정한 예산은 2조 원 안팎에 불과하다. 글로벌제약사 로슈가 지난 2020년 연구개발로 지출한 금액(14조 원)의 5분의 1 수준이다. 또 다른 글로벌제약사 존슨앤드존슨의 연구개발비(12조 원)와 비교해서는 4분의 1토막이다.

다른 여타 산업보다 개발부터 상용화까지의 제품 사이클(평균 10년)이 긴 제약·바이오산업은 연구개발비 지출 여력이 그 기업의 경쟁력을 판가름한다. 제약강국을 외치며 글로벌시장 진출을 시도하는 한국 제약·바이오업계로서는 충분한 연구개발비 확보가 이 목표를 달성하기 위한 필수조건이다.

'선택과 집중'이
블록버스터 육성의 지름길
—

국내 제약·바이오업계의 현실을 돌아보면 여전히 제약강국의 꿈은 멀어 보인다. 무엇보다 규모의 경제를 이룬 국내 제약사들이 거의 없다 보니 부족한 연구개발비 탓에 상용화까지 자체적으로 추진할 수 있는 역량을 갖춘 곳은 찾아보기 힘들다.

국내 의약품 시장규모(2020년 기준)는 23조 원에 불과하지만 국내 의약품 생산업체는 무려 1,398개사에 달한다(식품의약품안전처). 한 업체당 고작 평균 160억 원 안팎의 매출을 거두는 셈이다. 이런 상황에서 글로벌 신약 하나 개발하는 데 들어가는 조 단위의 천문학적 연구개발비는 언감생심이다. 이 결과가 초라한 국내 신약 개발 성적표다. 그나마 지난 2018년까지 매년 1~2개씩 명맥이나마 이어가던 신약 허가는 2019년, 2020년 연이어 전무한 상황이다.

글로벌제약사들이 즐비한 미국, 유럽 등과 경쟁하면서 우리가 제약강국 리그에 진입하려면 한정된 자원으로 최대의 효과를 내는 제약·바이오 정책이 관건이다. 바이오 육성 전략에 있어서는 선택과 집중의 전략이 어느 때보다 중차대한 상황이다. 윤 대통령이 임기 내 조 단위 매출을 올리는 글로벌 블록버스터 신약을 일궈내는 정책을 성사시킨다면 제약강국으로의 도약 목표는 이미 현실이 되어 있을 것이다.

'짝퉁' 바이오
감별하기

2022년 바이오기업들의 주가가 일부 상승하고 있지만 손실을 회복하지 못하고 있는 개인투자자들은 여전히 울상이다. 특히 상대적으로 주가 낙폭이 커진 바이오벤처들에 투자한 개미들은 더욱 깊은 좌절감을 호소하는 상황이다. 초우량 바이오기업이라 하더라도 주가는 1년 최고가에 비해 3분의 1 토막으로 쪼그라든 경우가 허다할 정도로 지금도 쑥대밭이다.

짝퉁 바이오 구별 못 하면
백 번 투자, 백 번 위험

사실 바이오기업들에 대한 투자는 다른 어느 섹터보다 리스크가 크다. 무엇보다 바이오 신약 개발 분야는 일반인들이 이해하기 어려운 전문 영역이어서 비즈니스모델 자체를 제대로 파악하기가 쉽지 않다. 여기에 '정보의 비대칭성'이 심해 개미들이 제대로 된 투자 정보를 확보하기가 까다로운 곳이 바이오벤처들이다. 이런 바이오산업의 특성을 악용하는 기업들이 적지 않다 보니 최소한 둘 중 하나는 무늬만 바이오기업이라는 얘기가 업계에 공공연하게 나돌 정도로 '짝퉁' 바이오가 즐비하게 포진해 있

다. 그야말로 개미들의 바이오기업에 대한 투자 여정에는 곳곳에 대형 지뢰가 묻혀 있는 셈이다.

개미들이 바이오 투자 리스크를 최소화하기 위해서는 무엇보다 이들 짝퉁 바이오를 걸러내는 것이 중요하다. 다른 투자 조건이 아무리 매력적이더라도 짝퉁 바이오에 투자하게 되면 필패(必敗)의 결과를 피할 수 없어서다. 압도적 신약 개발 성과나 현란한 이력의 연구진들을 내세우며 바이오기업마다 자신이 K바이오를 이끌 선두 주자라고 호도하는 상황에서 짝퉁을 감별하는 것 자체는 쉽지 않다. 하지만 짝퉁 바이오들이 공통적으로 갖고 있는 특징들을 유념하면 짝퉁에 속아 넘어가는 투자를 최소화하면서 성공 투자 확률을 끌어 올릴 수 있을 것이다.

다양한 질병 치료 효능 강조, '만병통치약'으로 현혹

첫째, 사이비 바이오기업들은 하나같이 자신들이 개발하는 신약은 다양한 질병을 두루 치료하는 데 탁월한 효능을 갖추고 있다고 강조한다. 이른바 '만병통치약' 전략이다. 다양한 질환 치료제로 쓰일 수 있다는 것을 근거로 터무니없는 매출 잠재력을 강조하며 투자자들을 현혹한다. 반면 실력과 잠재력을 갖춘 바이오벤처들은 한 우물 파기에 집중한다. 이들은 많아야 2~3개 신약을 개발하는 데 회사 역량을 집중한다.

본업보다 주가 관리, 유상증자 등 통한 자금 확보 혈안

둘째, 짝퉁 바이오기업들은 신약 개발이라는 본업은 소홀히 하면서 주가 관리나 무리한 유상증자 등을 통한 자금 확보에 혈안이 돼 있다. 이들 기업은 알맹이가 없고 속이 들여다보이는 사업 진행 자료를 남발하는 공통점을 보인다. 투자자들이 꼭 알아야 할 신약 개발 진행 상황 등 정보만을 외부 공개하고 필요한 자금만으로 타이트하게 조직을 운영하는 알짜배기 바이오기업들과는 대조적이다.

수십 년 신약 개발, 성과 전무, 유행 따라 치료제 개발

셋째, 장기간 신약 개발을 지속 진행했다고 주장하지만 결과가 거의 없는 경우다. 이들 바이오벤처는 길게는 수십 년간 동안 기술수출은 물론 허가받은 신약 하나 없으면서도 투자자들을 현혹한다. 개발하는 치료제 적응증을 수시로 변경하다 보니 임상 진척은 항상 제자리걸음이다. 코로나19 같은 이슈성 질병이 발생하면 어김없이 약을 개발하겠다고 나선다. 이들은 신약 개발에 필요한 최소한의 연구 인력조차 갖추지 못하고 있으면서 홍보, 대관 인력 등은 넘쳐나는 특징도 공유한다.

손자병법 모공편에 등장하는 유명한 키워드인 "지피지기 백전불태(知彼知己 百戰不殆)"는 바이오 투자자들이 되새겨야 할 문구가 아닌가 싶다. 짝퉁인지 아닌지조차 구분 못 하고 바이오 투자를 하게 되면 백 번 투자해도 백 번 모두 손실을 벗어나기 어렵다. 물론 쉽지 않은 일이다.

'필패'가 숙명인
개미들의 바이오 주식투자

　수익 면에서 기관 및 외국인 투자자를 능가하는 스마트한 극소수 왕개미들이 있지만 대부분 개미투자자는 여전히 투자 손실을 반복하는 패턴에서 헤어나지 못하는 현실이다. 특히 바이오기업들에 투자하는 개미들의 경우 쪽박을 차는 경우가 비일비재하다.

　최근 바이오기업들의 주가가 한풀 꺾였다고 하지만, 코스닥 거래금액 기준으로 30% 안팎의 비중을 차지할 정도로 바이오주는 개미들이 단연 선호하는 투자 섹터다. 제약·바이오주에 투자하는 개인투자자 규모도 400만 명을 웃돈다. 유독 바이오주 투자에서 '폭망'했다는 개인 투자자들이 넘쳐나는 까닭은 뭘까.

출처: 이데일리 DB

단기투자, 단타매매 치중
개인투자자들 속성이 패인
—

"개인들이 바이오주를 선호하는 가장 큰 이유는 다른 어떤 산업주보다 변동성이 월등하기 때문이다. 단타매매를 주로 하는 개미들로서는 주가가 별다른 이유 없이도 수시로 널뛰기를 반복하는 바이오주식이 매력적일 수밖에 없다."

개미들이 바이오주에 불나방처럼 모여드는 현상을 분석한 한 메이저 증권사 중역의 얘기는 '필패'할 수밖에 없는 개미들의 숙명을 대변한다. 바이오주 단타매매를 선호하는 개미들은 그나마 투자 승률을 높일 수 있는 방식인 가치투자, 장기투자는 아예 염두에 두지 않는 실정이다.

바이오 회사들의 주요한 수익 창출원은 단연 신약 개발이다. 하지만 신약 개발은 단기간에 이뤄낼 수 있는 단순 작업이 아니다. 신약 하나 개발하는 데만 10여 년이라는 장기간의 세월 동안 조 단위의 천문학적 자금이 들어간다. 개인들이 바이오회사 투자로 결실을 보기 위해서는 다른 어느 산업주보다 오랜 기간을 견디면서 기다려야 한다. 이런 업의 특성을 무시하고 바이오주를 단타매매의 단골 메뉴로 삼고 있는 개미투자자들은 어찌 보면 손실을 스스로 자초하고 있는 셈이다.

회사 경영진의 자질,
도덕성이 첫 번째 검증 관문
—

개인들의 바이오주에 대한 장기투자를 가로막는 걸림돌도 널려 있다.

무엇보다 정보의 비대칭성이다. 개인들은 신약 개발이 어떻게 진행되고 있는지를 정확하게 알 수 있는 정보력이 부족하다. 여기에 신약 개발의 성공을 속단하면서 투자자들을 현혹하는 정보를 제공하는 바이오업체들도 상당수 있다 보니 제대로 된 투자 결정을 내리기도 쉽지 않은 게 현실이다.

이런 어려운 투자 환경 속에도 개미들이 바이오주 투자에서 수익을 내기 위해서는 무엇보다 회사 경영진의 자질과 도덕성을 면밀하게 살펴보고 투자 결정을 해야 한다. 매년 신제품을 선보이는 대부분 제품과 달리 신약은 긴 기간이 소요된다는 점을 간과해서는 안 된다. 요컨대 경영진이 장기간 뚝심 있게 신약 개발을 밀어붙일 수 있는 자질이 있는지, 그리고 그 과정을 정직하게 진행할 만한지를 봐야 한다는 얘기다. 특히 신약 개발에 장기간이 걸리다 보니 임상시험 등 과정에서 언제든지 경영진의 모럴해저드가 발생할 개연성이 있다는 점을 감안하면 경영진의 자질과 도덕성 검증은 아무리 강조해도 모자라다.

신약 파이프라인의 기술경쟁력과 시장잠재력을 검증하는 것도 바이오주 투자 결정에 앞서 반드시 수행해야 할 필수 과제다. 물론 개인투자자들이 신약 파이프라인을 분석하기란 쉽지 않은 일이다. 특히 바이오업체마다 예외 없이 자사가 개발 중인 신약은 "세계 최고의 효능을 갖추고 개발 성공 확률이 100%다"라고 호언하는 현실에서 자체 검증은 건너뛸 수 없는 핵심 단계다. 이 과정이 어렵다고 등한시하면 그 투자 손실은 고스란히 개인투자자의 몫으로 돌아온다.

셀트리온과 삼성전자의
공통분모

    단기간에 국내 제약·바이오업계 간판 주자로 자리매김한 셀트리온을 보면서 과거 마이너리그에서 급성장을 거듭하며 세계적 기업으로 도약하던 삼성전자를 떠올리는 이들이 늘고 있다. 두 회사 모두 시대적 흐름을 어느 경쟁사들보다 앞서 간파, 혁혁한 전공을 세워나가고 있다는 공통분모를 가지고 있다.

미래산업 패러다임 변화,
선제적 대응이 1등 비결
—

    주지하다시피 삼성전자는 TV 분야에서 2024년까지 19년 연속 세계 1위라는 대기록을 써내려가고 있는 굴지의 초일류 기업이다. 삼성전자가 TV의 대명사로 자리매김하게 된 배경에는 여러 이유가 있지만 무엇보다 산업의 신기류에 선제적으로 대응, 시장 선점을 가능하게 만든 치밀한 전략이 자리한다는 평가다.

    삼성전자는 기존 아날로그 TV 방식에서 디지털로 시장이 빠르게 재편될 것이라는 것을 예측하고 디지털 TV로 승부수를 띄운 게 주효했다. 실제 삼성전자는 2000년 초반 선풍적인 인기를 끌기 시작한 LCD TV로 승부를 걸면서 당시까지만 해도 세계 TV 시장을 주름잡던 소니, 파나소닉, 샤프 등 쟁쟁한 경쟁자들을 결국 침몰시켰다.

2024년 창업 23주년을 맞은 신흥 강자 셀트리온 역시 제약업계의 내로라하는 터줏대감들을 모두 제치고 국내 대표 바이오기업으로 우뚝 섰다. 셀트리온은 2024년 매출 3조 원을 훌쩍 넘을 것으로 예상된다. 매출 3조 원을 넘은 전통 제약사는 100여 년의 업력에도 불구하고 아직껏 나오지 않고 있다. 그야말로 파죽지세다. 최근 기존 메이저 제약사들도 대규모 기술수출과 신약 개발 등으로 나름대로 선방하고 있지만 셀트리온의 독주를 막기에는 역부족인 형국이다.

기존 약 대비 뛰어난 효능을 갖춘 글로벌 혁신신약 하나를 개발하려면 최소 10년이 걸리는 게 제약업의 특징이다. 어찌 보면 제약업은 제품 개발 사이클이 어느 업종과 비교해서도 단연 가장 길다고 볼 수 있다. 이런 맥락에서 창업한 지 불과 20년만에 제약업계를 석권한 셀트리온의 업적은 결코 평범하게 평가해서는 안 된다는 게 업계의 판단이다.

전통 화학약 시대 저물고, 바이오의약품 전성시대

—

짧은 기간에 업계 최고 기업으로 도약한 셀트리온은 기존 국내 제약업체들에게도 많은 시사점을 보여준다. 최근 국내 제약사마다 해외시장 진출을 적극 꾀하면서 신약 개발에 매진하는 모습이다. 하지만 얼마 전까지도 신약 개발 대신 별다른 노력과 비용을 들이지 않고 손쉽게 확보할 수 있는 복제약에 의존해 사업하는 제약사들이 주류였다. 그러다 보니 업력은 100여 년에 달했지만 기껏해야 매출 1조~2조 원 안팎의 중소기업 수준을 벗어나지 못했다.

셀트리온이 출범한지 얼마 안 돼 국내 1위 제약사로 도약한 것을 뛰어넘어 글로벌 제약사로서의 기틀을 다지게 된 배경에는 앞을 볼 줄 아는 '혜안'이 자리한다는 게 업계의 판단이다. 서정진 회장은 "앞으로 바이오의약품이 대세가 될 것으로, 이 가운데에서도 블록버스터급 오리지널 바이오의약품의 특허가 속속 만료하면서 바이오시밀러 분야가 가장 유망할 것"이라며 남보다 앞서 바이오 사업에 뛰어들었다. 실제 1,880조 원 규모의 세계 의약품 시장에서 바이오의약품은 4~5년 내 전체 비중의 50%를 넘어서면서 기존 화학약을 빠르게 대체해나갈 것이라는 게 업계의 전망이다.

3
청신호 켜진
K바이오

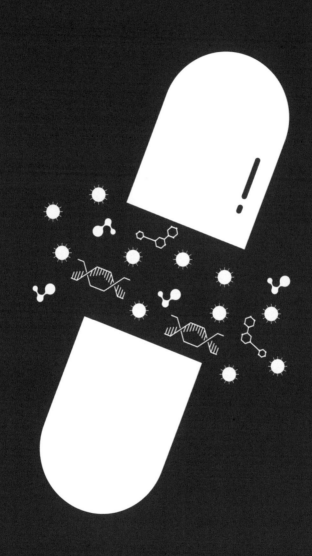

두 '오' 그룹이 촉발한
K바이오 지각변동

2024년 새해 벽두부터 두 '오' 그룹이 K바이오의 판을 뒤흔들며 급격한 지각변동을 예고하고 나서면서 관심이 집중되고 있다. 먼저 오리온그룹은 1월 초 5,500억 원가량을 투입, 항체-약물접합체(ADC) 플랫폼 전문 기업인 레고켐바이오사이언스를 전격 인수했다.

비슷한 시기 OCI그룹 지주사 OCI홀딩스는 7,700여 억 원을 들여 한미약품그룹 지주회사인 한미사이언스 지분 27%를 확보하며 1대 주주로 등극했다. 반면 송영숙 한미그룹 회장, 임주현 한미사이언스 사장 등 한미사이언스 주요 주주는 OCI홀딩스 지분 10%를 취득, 이 회사의 1대 주주로 올라서면서 지분을 맞교환했다.

K바이오업계 합종연횡 및
옥석 가리기 본격화 신호탄
—

레고켐바이오는 ADC 플랫폼 기술을 앞세워 지금까지 해외에 신약 기술을 무려 9건 수출하는 성과를 거두며 대표적 K바이오 신약 기술력 강자로 자리매김한 바이오벤처다. 한미약품 또한 메이저 제약사 가운데 신약 기술개발 분야에서만큼은 최고봉으로 평가받아온 굴지의 전통 제약사라는 점에서 이번 딜은 업계로부터 특별한 주목을 받고 있다.

간발의 차이로 앞서거니 뒤서거니 이뤄진 오리온·OCI그룹과 레고켐바이오사이언스·한미약품 간 메가딜은 무엇보다 K바이오업계에 앞으로 이업종·동업종을 아우르는 합종연횡과 옥석 가리기가 본격화할 것을 예고하는 신호탄이라는 게 업계의 판단이다. 우연히 잇달아 일어난 빅딜이 아니라 바다 밑에서 서서히 부상하고 있는 거대한 빙산의 꼭대기 부분이라는 얘기다. 특히 지금 바이오업계는 합종연횡이 확산할 수 있는 기반이 무르익었다는 평가다. 바이오기업을 팔겠다는 공급자와 사겠다는 수요자가 덩달아 급증하면서 딜이 성사될 수 있는 여지가 어느 때보다 높아졌다.

기술수출 주력 K바이오 한계,
대자본 유치 수요 급증
—

한미약품 사옥 전경(사진: 한미약품)

공급자 측면에서 보면 수년 전부터 바이오에 투자하는 돈줄이 메마르면서 차별화된 경쟁력 있는 신약 개발 기술력을 갖추고 있지만, 연구개발을 지속하기가 어려워 '구원투수'를 찾아나서는 기업들이 크게 늘었다. 특히 1대 주주 자리를 내놓더라도 기업이 지속적으로 신약 개발을 할 수 있는 여력을 확보하는 게 급선무라고 판단하는 바이오기업 오너들이 늘고 있다.

수요자 측면에서도 바이오를 미래성장동력으로 본격 육성할지 여부를 두고 망설이던 상당수 대기업이 바이오는 이제 '선택이 아닌 필수'라는 쪽으로 방향을 급선회하고 있는 상황이다. 여기에 세계적인 인구 고령화 현상으로 바이오치료제 시장 전망이 밝은데다, 신기술이 경쟁력을 좌우하는 바이오 사업은 후발 주자에게도 막대한 기회를 제공한다는 업의 특징이 흡인력 있게 거대 자본을 끌어들이고 있는 상황이다.

실제 내로라하는 상당수 기술력 있는 바이오벤처들은 이미 다수 국내외 거대 자본과 인수·합병(M&A) 협상을 벌이고 있는 것으로 전해진다.

K바이오 아킬레스건
규모의 경제 달성 효과
—

무엇보다 이번 두 '오' 그룹의 메가딜은 K바이오에게 글로벌기업으로 도약할 수 있는 해법을 제시했다는 점에서 의미가 남다르다. K바이오가 가지고 있는 가장 큰 약점은 덩치가 작다는 점이다. '규모의 경제'를 갖추지 못하다 보니 아무리 탁월한 신약을 개발했다 하더라도 자체적으로 최소 수천억 원에서 조 단위 자금이 들어가는 신약 상용화까지는 엄두를 내지 못하고 있는 상황이다.

그러다 보니 메이저 제약사라 하더라도 예외 없이 신약 개발 중간에서 다국적제약사에 기술수출을 하는 데 만족하는 게 현실이다. 기술수출한 신약물질이 상용화에 성공하게 되면 정작 기술을 사간 다국적제약사가 과실의 대부분을 차지하고, 기술을 수출한 K바이오는 떡고물 정도만 차지하는 불합리한 구조다.

거대 자본력을 갖춘 대기업과 바이오기업 간 합종연횡은 단숨에 바이오기업이 규모의 경제를 달성, 자체적인 신약 상용화를 넘볼 수 있게 만든다는 점이 가장 큰 매력으로 작용한다. 실제 레고켐바이오사이언스와 한미약품 모두 대자본을 유치하게 되면서 신약의 상용화까지 완주하는 여력을 확보하게 된 것을 높이 평가하고 있다.

기술수출 vs.
자체 신약 상용화 기업군 이원화 가속
—

자체 신약의 상용화를 추진할 수 있게 되면 신약 1개에서 나오는 매출이 조 단위를 넘어서는 블록버스터를 K바이오도 가질 수 있게 되는 환경을 확보하게 되는 것이다. 다수 블록버스터를 확보하게 되면 K바이오는 저절로 제약강국의 반열에 오르게 된다는 점에서 의미 있는 업계의 변화로 볼 수 있다.

여기에 대기업과 K바이오 연합 기업이 늘게 되면 앞으로 K바이오는 기술수출을 주력으로 하는 바이오기업군과 자체 신약 개발로 상용화까지 완주하는 군으로 이원화가 빠르게 진행될 것으로 예상된다. 두 '오' 그룹의 이번 M&A 의도가 어떻든 간에 K바이오의 판도를 뒤흔드는 대지진은 이미 시작됐다.

블록버스터 클럽 vs. 1조 클럽

"한국 제약산업은 지금 큰 화산 폭발이 터지기 직전이다. 조짐이 심상치 않다. 최근 동시다발적으로 터져나오는 신약 기술수출 성과가 국내 제약산업이 대폭발을 눈앞에 두고 있다는 것을 확실하게 보여준다."

지난 2019년 기자와 만난 자리에서 원희목 당시 한국제약바이오협회장이 진단한 K바이오의 판도 변화다. 원 회장은 이날 "2025년에는 글로벌 매출 1조 원을 넘기는 국산 신약이, 2030년에는 매출 10조 원을 넘어서는 국내 제약사가 각각 출현한다"면서 "2035년 의약품 수출이 100조 원을 달성할 것"이라고 확신했다.

4년이 흐른 지금 돌이켜보니 원 회장의 예견은 놀라울 정도로 정확하게 맞아 떨어지고 있다. 당시에는 원 회장의 거침없는 자신감이 너무 앞서가는 것 아닌가하는 우려가 들었다. 원 회장의 혜안은 무엇보다 글로벌 매출 1조 원을 돌파하는 블록버스터 신약 1호 경쟁이 치열하게 전개되면서 눈앞의 현실로 바뀌자 더욱 설득력을 얻고 있다.

특히 2023년 미국 식품의약국(FDA)으로부터 신약 허가를 받은 셀트리온의 자가면역질환 치료제 '짐펜트라'는 늦어도 2025년 매출 1조 원을 훌쩍 넘어설 것이 확실하다. 나아가 서정진 셀트리온 회장은 "2030년 매출

12조 원을 달성할 것"이라며 매출 10조 원을 넘는 1호 K바이오가 될 것이라고 확언, 원 회장 예측에 힘을 실어줬다.

글로벌 매출 1조원 돌파 신약들
속속 등장 예고
—

K바이오는 100여 년의 장구한 업력에도 그간 블록버스터 신약 하나 확보하지 못해 글로벌 제약산업의 변두리에 머물러 있었다. 이러던 K바이오가 절치부심, 다수 블록버스터 신약 탄생을 눈앞에 두면서 제약강국 도약에 청신호를 켰다.

블록버스터 신약 확보 여부는 한 국가 제약·바이오산업의 글로벌 경쟁력을 판단하는 대표적 가늠자로 꼽는다. 무엇보다 제약·바이오 내수시장이 좁은 한국과 같은 경우 신약 1개로 매출 1조 원을 돌파한다는 것은 글로벌시장에서 경쟁력을 갖춘 신약을 자체 개발, 세계 시장에서 상용화했다는 것을 의미하기에 중요성이 각별하다.

실제 이데일리가 자체 집계, 분석해 보니 5년 내 한국은 최소 5개의 블록버스터 신약을 보유한 제약산업의 강자로 거듭나게 된다

글로벌 경쟁력이 뒷받침되어야 가능한 다수 블록버스터를 확보하게 되면 K바이오가 고대하던 제약강국 도약이 2029년 전후로 현실이 된다는 것을 의미하기도 한다. 블록버스터 등극을 눈앞에 둔 강력 후보로는 셀트리온 짐펜트라를 선두로 HK이노엔의 위식도역류질환 치료제 '케이캡', SK바이오팜의 뇌전증 치료제 '엑스코프리', 유한양행의 비소세포폐암 치료제 '렉라자', 한미약품의 호중구감소증 치료제인 '롤론티스' 등이 손꼽힌다.

블록버스터 클럽이
1조 클럽 대체하게 될 것
—

그간 전체 매출이 1조 원을 돌파한 제약·바이오기업은 '1조 클럽'으로 불리면서 메이저 주자로 평가받아왔다. 하지만 앞으로는 1조 클럽 대신 '블록버스터 클럽'이 대세가 될 것이다. 요컨대 K바이오는 블록버스터를 확보, 글로벌 경쟁력을 입증한 제약·바이오기업군과 이를 구축 못 해 여전히 내수용으로 머물고 있는 마이너 기업군으로 분류될 것이다.

지금껏 K바이오에 있어 양적 성장이 주류를 이뤘다면, 블록버스터 탄생은 규모의 경제 달성은 물론 질적 도약까지 성공적으로 이뤄냈다는 것을 상징한다. 나아가 블록버스터 신약이 등장하게 되면 K바이오가 반도체, 자동차에 뒤지지 않는 무궁한 잠재력을 갖췄다는 것을 재평가받는 계기로 작용하게 될 것이다.

바이오 구원투수로 나선 사모펀드

미국 등 제약강국을 중심으로 신약의 임상2, 3상에만 전문 투자하는 사모펀드(PEF)가 속속 등장하면서 주목받고 있다.

사모펀드는 주로 매수하려는 기업을 담보로 자금을 차입, 인수·합병 (M&A)을 통해 수익을 내는 펀드로 알려져 있다. 이런 유형의 사모펀드가 신약 개발 막바지 단계인 임상 2, 3상 투자를 신규 수익원으로 발굴하고 나서면서, 기술력은 뛰어나지만 자금이 열악한 바이오벤처들에게 구원투수로 자리매김하는 모양새다. 특히 신약의 임상2, 3상에 투자해 거두는 수익률이 다른 분야를 압도하면서 메이저 사모펀드들이 경쟁적으로 이 분야에 뛰어들고 있다. 임상2, 3상에 투자하는 사모펀드들의 자금 규모도 급증세여서 바이오벤처들의 신약 개발에 단비가 되고 있다는 평가다.

임상2, 3상 전문투자사모펀드 미국서 속속 등장

블랙스톤, 콜버그크래비스로버츠(KKR), 베인캐피탈, 텍사스퍼시픽그룹 (TPG), 칼라일그룹, 아폴로매니지먼트 등이 대표적이다. 이 중 블랙스톤은 지금까지 임상2, 3상을 중심으로 10여 건에 모두 6조 원 넘게 투자를 단행

미국 뉴욕에 자리한 세계 최대 사모펀드
블랙스톤 본사 전경(출처: 위키피디아)

했다. 베인캐피털은 매년 1,000여 개가 넘는 바이오벤처를 검토하면서 투자를 집중하고 있다. 신약의 임상2, 3상에 투자하는 사모펀드는 약이 상용화에 성공, 매출이 발생하게 되면 일정 부분을 지속적으로 제약사로부터 수익으로 받는 조건이다.

글로벌 신약을 상용화하려면 10여 년에 걸쳐 수천억 원의 연구개발비를 투입해야 하기에 바이오벤처가 독자적으로 이 과정을 추진하기에는 현실적으로 어렵다. 대부분 바이오벤처가 상용화까지 독자 완주하는 대신 중간에 기술수출을 하는 것을 사업 목표로 삼고 있는 배경이다.

국내도 사모펀드, 독자적 신약 글로벌 상업화 산파역 가능
—

글로벌 신약 개발의 산파역을 자임한 사모펀드들의 등장은 미국에 비해 자금력이 크게 열악한 K바이오에게도 효과적 해법을 제시한다. 국내에서도 미국처럼 신약의 임상2, 3상에 전문 투자하는 사모펀드가 일반화되면 자력으로 글로벌 신약 상용화를 이룰 수 있는 여지가 커지게 된다.

신약 기술이 아무리 뛰어나도 기술수출에 만족해야만 하는 K바이오의 글로벌 성적표는 초라하기 그지없다. 실제 K바이오가 바이오 메카인 미국에서 신약 개발 전 과정을 독자 진행, 미국 식품의약국(FDA) 허가에서부터 상업화까지 이룬 사례는 SK바이오팜의 뇌전증 치료제 '엑스코프리'가 유일하다. SK바이오팜은 SK그룹이라는 거대 자본이 있기에 그나마 가능했지만, 바이오벤처가 독자적으로 글로벌 신약을 상용화한다는 것이 얼마나 어려운 일인가를 보여주는 대목이다.

SK바이오팜은 엑스코프리를 상용화하기까지 무려 19년 동안 연구개발하는 데 3,000억 원이 넘는 비용을 들였다. 2022년 글로벌 매출 2,462억 원을 거둔 엑스코프리는 빠르면 5년 내 신약 하나로 매출 1조 원을 넘기는 국내 최초 글로벌 블록버스터로 등극할 수 있을 전망이다.

자체 신약 글로벌 상업화가 제약강국 도약 이뤄낼 것

—

제약강국 도약을 목표로 하고 있는 K바이오가 첫 번째로 넘어야 할 산은 글로벌 블록버스터 신약의 창출이다. 다수 글로벌 블록버스터 신약을 확보하지 않고서 제약강국 진입은 불가능하다. 그러려면 수천억 원이 들어가는 글로벌 임상3상 비용을 안정적으로 확보할 수 있는 물꼬를 트는 것이 K바이오에게는 가장 시급한 과제다. 지금처럼 아무리 탁월한 신약물질을 개발했더라도 기술수출에 그치면, 신약 상용화의 결실은 오롯하게 글로벌 제약사들이 독차지하게 되는 구조에서 헤어날 수 없다. 미국처럼 사모펀드가 K바이오에게 글로벌 임상3상을 독자적으로 진행할 수 있는 활로를 제공하는 날이 하루빨리 열리길 기대한다.

K바이오,
글로벌 강자로 클 수밖에
없는 이유

화학약이 주축인 세계 제약산업은 지난 수백 년간 서구 기업의 독무대였다. 지금도 세계 제약산업을 장악하고 있는 제약사들은 대부분 미국과 유럽 소속이다. 반면 한국 제약업계는 100여 년의 업력에도 변방의 아웃사이더에 머물고 있다.

철옹성이던 서구 제약 패권이 화학약에서 바이오로 패러다임이 급속도로 바뀌면서 금이 가기 시작했다. 급변하는 제약산업의 판도는 서구 제약사들에게는 위기지만, K바이오로서는 절호의 기회다. 업계에 따르면 세계 의약품 시장(1,699조 원, 2021년 기준)에서 바이오는 34%(575조 원)를 차지했다. 빠르면 5년 후면 바이오가 화학약을 제칠 것으로 보인다.

IT강국의 IT 기술력과
신생 산업 바이오 시너지 막대
—

바이오가 제약산업의 주류로 급부상하면서 K바이오가 힘을 얻고 있다. K바이오의 경쟁력은 글로벌 최고 수준 IT 기술력과 첨단 바이오가 결합한 시너지에서 비롯된다. 특히 바이오는 화학약에 비해 새로운 산업이다 보니 한국 기업의 특성인 '스피드경영'으로 무장한 후발 주자 K바이오가 경쟁력을 확보하기 훨씬 수월하다.

이미 인공지능(AI) 의료 서비스로 글로벌 선두로 도약한 K바이오벤처가 속속 등장하고 있다. AI를 발판으로 의사가 암 등 질병 판독의 정확도를 대폭 높일 수 있는 서비스를 제공하고 있는 루닛이나 생체신호를 AI로 분석, 심정지를 예측해 의사가 미리 조치를 취하게 하는 서비스를 상용화한 뷰노 등이 대표적이다. 이들은 글로벌 최고 수준 경쟁력으로 미국 등 선진 시장에서도 큰 호응을 얻고 있다.

왼쪽부터 이예하 뷰노 대표, 서범석 루닛 대표, 이남용 셀키 대표(사진: 각사)

루닛, 뷰노, 셀키 등
글로벌 경쟁력 확보 기업 속속 등장
—

당단백질 분석 기술로 시작, 멀티오믹스(Multiomics)까지 영역을 확장해 진단 바이오마커와 대용량 데이터를 시스템으로 정밀 분석하는 멀티오믹스 플랫폼을 선보인 셀키도 K바이오 위상을 드높이고 있는 주인공이다. 오믹스(Omics)는 유전체, 전사체, 단백체 등을 포괄하는 개념이다. 멀티오믹스는 오믹스 정보를 통합 분석, 신약 개발 등에 활용하는 것을 뜻한다.

셀키는 최근 당단백질, 단백질 영역을 유전단백질로 확장, 독보적인 멀티오믹스 기술을 보유한 기업으로 손꼽힌다. 세계적으로 당단백질 기술을 바탕으로 진단 사업을 벌이는 기업은 셀키와 미국 인터벤바이오사이언스 두 곳만 있을 정도로 최첨단 바이오 분야다. 인터벤바이오사이언스는 2022년 노벨화학상을 수상한 스탠퍼드대 캐럴린 버토지 교수가 창업한 바이오벤처.

당단백질의 정량적인 변화 및 당화를 함께 분석하면 보다 정확한 바이오마커를 개발할 수 있어 셀키의 사업 모델은 무궁한 잠재력을 갖고 있다는 평가다. 셀키는 최근 세계적 실험 장비 제작사인 시마즈사이언티픽과 글로벌 공동 사업을 위한 양해각서(MOU)를 체결했다. 이어 최첨단 실험실 자동화 플랫폼 글로벌 리더인 에메랄드클라우드랩과도 MOU를 체결, 당단백질 분석 플랫폼을 공동 개발키로 했다.

이남용 셀키 대표는 이제 미국시장을 정조준하고 있다. 이 대표는 "현재 전문 당단백질, 단백질 분석 기술과 플랫폼을 기반으로 국내외 제약사, 연구소, 병원 대상으로 당단백질, 단백질 분석 서비스를 제공하고 있다"면서 "특히 다수 미국 대학 연구소와 당단백질 분석 서비스 제휴를 맺으며 미국으로 서비스를 확장하고 있다"고 귀띔했다.

아날로그에서 디지털로 패러다임이 바뀌는 기회를 포착, 한국은 일본을 제치고 전자산업의 맹주로 거듭났다. 화학약에서 바이오로 중심축이 이동하는 지금이 K바이오가 세계의 변방에서 중심을 차지할 수 있는 절호의 기회다. 제2, 제3의 루닛, 뷰노, 셀키가 속속 등장하는 한 K바이오의 전성기는 머지않아 현실이 될 것이 확실하다.

K바이오 '메기'로 나선 서정진 셀트리온 회장

서정진 셀트리온그룹 회장이 2023년, 2년 만에 경영에 전격 복귀하면서 주목을 받았다. 2023년 초 셀트리온, 셀트리온헬스케어, 셀트리온제약은 주주총회와 이사회에서 서 회장을 사내이사 겸 이사회 공동의장으로 공식 선임했다.

서 회장이 내놓은 성장전략,
K바이오에 미칠 파장 주목
—

글로벌 경영환경이 급박하게 돌아가면서, 신속하고 과감한 오너의 경영 판단이 어느 때보다 중요해진 상황이기에 서 회장의 복귀는 시의적절했다고 본다. 특히 서 회장이 경영에 복귀하면서 대내외에 천명한 셀트리온 도약 전략은 K바이오업계 전체에도 시사하는 바가 크다는 평가다.

서 회장이 셀트리온의 퀀텀점프를 위해 내놓은 방안은 '신약 개발 집중과 적극적 인수·합병(M&A)'으로 압축된다. 공교롭게도 제약강국으로의 도약을 노리는 K바이오가 필요로 하는 양대 성장동력이다. 역으로 이 두 가지 취약점이 K바이오 성장을 가로막는 결정적인 장애물이기도 하다.

신약 개발, M&A 전략은
제약강국 도약의 필수 조건

—

실제 K바이오는 여태껏 손쉬운 제네릭 개발에만 집중하고, 다국적제약
사의 의약품을 위탁판매해오면서 정작 신약 개발은 소홀히 해왔다. 그러
다 보니, 아직까지 매출이 1조 원을 넘어서는 글로벌 블록버스터 신약 하
나 확보하지 못하고 있는 초라한 형편이다. 뿌린 만큼 거둔다는 속담이 신
약 개발 분야만큼 꼭 들어맞는 곳도 찾아보기 힘들 것이다.

여기에 K바이오는 지난 100여 년간 미국, 일본, 유럽의 제약사들이 활
발한 M&A 전략으로 글로벌제약사로 도약하는 것을 강 건너 불구경하 듯
지켜만 볼 정도로 인수·합병을 금기시해왔다. 그야말로 국내 제약업계는
M&A의 무풍지대 그 자체였다. 여기에는 대부분 제약사마다 비슷한 제네
릭을 주력 제품군으로 하고 있어 합병 효과가 미미하다는 요인도 크게 작
용했다.

M&A 무풍지대 K바이오에
합종연횡 붐 일으킬지 관심

—

이런 취약한 산업 토양에서 K바이오의 국가대표인 셀트리온의 서 회장
이 신약 개발과 M&A를 주축으로 글로벌 톱 티어 종합 제약사로 거듭나겠
다는 강한 의지를 표명하고 나서면서 K바이오에도 어떤 식으로든 상당한
파급효과를 가져올 수 있을 것으로 예상된다. 시장 선점을 위한 신약 개
발 경쟁이 더욱 뜨거워지는 것은 물론 업체 간 합종연횡 트렌드가 정착되

는 계기가 될 수도 있다.

　서 회장은 경영 복귀 미션 가운데 첫 번째로 셀트리온을 신약 개발 회사로 변모시키는 것을 꼽았다. 앞으로는 셀트리온을 신약 개발 회사로 봐달라고 강조했다. 그러면서 그는 "램시마SC는 2023년 10월 미국에서 신약으로 허가받을 예정이다. 신약을 출시하는 회사가 된다"면서 "2024년에는 이중항체 신약 6개, 항암제 4개 등 10개 신약 임상이 개시된다"는 내용을 언급하며 신약 파이프라인을 소개했다. 2030년까지 매출의 40%를 신약에서 창출하겠다는 것이 서 회장의 목표다.

　M&A 관련해서는 4조~5조 원을 투자해 글로벌하게 저평가된 우량 바이오기업들을 적극 인수한다는 것이 서 회장의 구상이다. 2023년 상반기 내 대상 기업을 10개로 압축하고 하반기에 본격 인수에 나선다는 것. 특히 서 회장은 "하나의 신약을 가지고 있는 기업보다는 플랫폼 기술을 보유한 기업들을 의미 있게 보고 있다"면서 인수 대상 기업 선정 작업이 상당 부분 진척됐다는 것을 암시했다.

　서 회장은 2023년 경영에 전격 복귀하면서 셀트리온 성장전략으로 신약 개발 집중과 M&A를 제시, 본인이 의도했든 하지 않았든 K바이오에 변혁을 촉구하는 '메기'가 됐다. 그가 내놓은 성장전략이 K바이오에게 신약 개발 및 M&A 바람을 강력하게 일으키는 메기효과를 가져왔으면 하는 바람이다.

봇물 터진 대기업 바이오 진출, 성공 조건은

삼성과 SK그룹이 바이오산업에서 혁혁한 성과를 거듭 내는 것에 자극받은 국내 대기업들이 너도나도 '바이오호'에 승선하고 있다. 삼성바이오로직스는 창립 10년 만에 세계 1위 바이오 위탁개발생산(CDMO) 기업으로 우뚝 섰고, SK바이오사이언스는 국내 최초로 코로나19 백신 개발에 성공하면서 글로벌 수준의 신약 개발력을 인정받았다는 평가다. 이제 바이오 사업 진출을 추진하지 않는 대기업을 찾아보기 힘들 정도로 바이오는 대기업들의 신사업을 관통하는 대명사가 됐다.

대기업, 너도나도 바이오산업
뛰어드는 상황
—

지금까지 바이오를 새로운 미래성장동력으로 키우겠다고 선언한 대표적인 대기업으로는 롯데, GS, 두산, CJ, 현대중공업, 신세계, OCI, 오리온홀딩스 등이 꼽힌다. 여기에 대외적으로 발표를 하지 않았지만 내부적으로 바이오 사업 진출을 신중하게 저울질하고 있는 대기업들도 상당수라는 게 업계의 공통된 얘기다.

이 가운데 1조 7,000억 원에 국내 대표 보톡스업체인 휴젤을 인수한 GS 가 바이오 사업 확장에 가장 적극적인 모습이다. 최근 GS는 몸값이 최대 4조 원 안팎으로 추산되는 치과용 구강 스캐너 전문 기업인 메디트를 추가 인수하는 것도 적극 검토하고 있는 것으로 알려지면서 주목을 받고 있다. 롯데그룹도 바이오 사업 진출에 가장 속도를 내고 있는 대기업으로 손꼽힌다. 롯데는 2022년 7월 롯데바이오로직스를 출범하면서 향후 10년간 약 2조 5,000억 원을 투자한다는 청사진을 내놓았다. 오는 2030년까지 글로벌 10위권의 바이오 CDMO 기업으로 도약시킨다는 전략이다. 이미 다국적 제약사인 브리스톨마이어스스큅(BMS)과 미국 시러큐스 공장을 인수하기 위해 2,600억 원 규모의 자산양수도계약을 체결하면서 발빠르게 바이오 사업의 기반을 다지고 있다.

롯데와 GS를 제외하면 바이오 사업에 새로 뛰어든 다른 대기업들은 본격적인 사업 진출을 실행하기보다는 아직은 몸풀기 수준으로 신중하게 간을 보고 있는 모습이다.

바이오기업 오너 "무늬만 바이오 투자, 리스크는 철저 회피"

바이오 사업에 진출한 대기업들의 공통된 경영 목표는 바이오 사업을 미래 먹거리로 키우려는 것이다. 하지만 시간이 지나면 이 목표를 달성한 쪽보다는 이루지 못해 결국 사업에서 철수하는 대기업들이 압도적으로 많이 나올 가능성이 높다. 최소 10년 이상 장기간 인고의 세월을 이겨내야 하는 바이오산업의 특성이 단기 실적을 중시하는 대기업 경영 문화와 정면으로 상충되는 게 가장 큰 원인이다. 실제 앞서 바이오 사업에 진출했다가 장기간 적자를 참지 못하고 철수한 대기업들 사례가 비일비재하다.

"많은 대기업을 만나 봤지만 경영권을 넘겨준다고 해도 과감하게 대규모 투자를 하려는 곳은 찾지 못했다. 결국 해외 자금을 유치해 신약 연구 자금을 확보하는 쪽으로 방향을 틀었다." 얼마 전 사석에서 만난 몸값 1조 원 안팎 바이오기업의 한 오너는 바이오 사업 진출 선언을 한 대기업들 대부분은 시류에 휩쓸려 바이오 사업에 뛰어들었지 '진검승부'를 하려는 곳은 거의 없다고 단언했다. 강산이 최소 한 번 변할 동안 수조 원의 신약 개발비를 쏟아부을 각오를 한 대기업은 없고, 어느 정도 이미 이익을 내는 바이오기업이나 소규모 투자로 바이오 사업에 진출했다는 생색을 내기에 적당한 후보군만 물색을 하고 있다는 게 그의 설명이다.

오너가 책임지고 결정해야
대규모 바이오 투자 가능
—

'하이리스크(고위험)'는 바이오 사업에 있어 피할 수 없는 숙명이다. 이렇다 보니 매년 경영 성과에 따라 진퇴가 결정되는 전문경영인이 천문학적 투자 비용이 들어 장기간 적자를 감수해야 하는 과감한 바이오 신규 사업은 결정을 피하게 될 수밖에 없는 구조인 셈이다.

결국 바이오 사업에 진출하는 대기업들의 성패는 그룹의 총수가 얼마나 리스크를 감당하면서 장기적으로 신사업을 뚝심으로 밀어붙일 의지가 있는가에 달려 있다. 요컨대 바이오 신사업 총괄 타이틀은 대기업 총수가 맡는 게 대기업 바이오 사업 진출의 성공 확률을 높이는 지름길이다.

블록버스터 탄생,
전과 후

100여 년 역사를 자랑하는 국내 제약·바이오산업이지만 아직 연 매출 1조 원이 넘는 블록버스터 신약을 창출한 회사는 안타깝게도 전무하다. 블록버스터는 명실상부한 글로벌 제약·바이오기업으로 자리매김하려면 반드시 갖춰야 할 필수 조건으로 손꼽힌다. 글로벌 제약강국으로의 도약을 노리는 우리로서는 블록버스터 확보가 어느 때보다 절실한 상황이기도 하다. 블록버스터 보유가 K바이오업계에 미치는 파급효과를 감안하면 블록버스터 이전과 이후는 확연히 달라질 것으로 업계는 예상한다.

7개 유력 후보,
2~3년 내 블록버스터 속속 등극 예상
—

현재까지 K바이오의 블록버스터 보유 실적은 제로이지만, 속을 들여다보면 다수 블록버스터 탄생이 임박했다는 점은 고무적이다. 실제 이데일리가 얼마 전 국내 제약·바이오기업들이 확보하고 있는 신약들을 심층 분석해보니 최소 6개 신약이 몇 년 내 블록버스터 성공 신화를 일궈낼 가능성이 높은 것으로 파악됐다.

유력 블록버스터 후보로는 퓨쳐켐의 알츠하이머치매 진단 의약품 '알자뷰', 한미약품의 고혈압 치료제 '아모잘탄', HK이노엔의 소화성 궤양용제 '케이캡', SK바이오팜의 뇌전증 치료제 '세노바메이트', 유한양행의 비소세포폐암 치료제인 '렉라자', 녹십자의 면역글로불린 주사제 '아이비글로불린 에스엔주(IVIG-SN)' 등이 포함된다.

규모의 경제, 글로벌 기술력 인정, 합종연횡 예고

—

K바이오가 블록버스터를 확보하게 되면 국내 제약산업은 그야말로 퀀텀점프를 하는 계기를 마련할 수 있을 것이라는 게 업계의 판단이다. 특히 블록버스터 창출에 성공한 것 자체가 K바이오에 엄청난 충격파로 작용할 것으로 예상된다. 회사 매출을 다 합해도 1조 원을 넘기는 제약사가 손으로 꼽을 만큼 영세한 K바이오업계에 조 단위 매출 신약이 등장한 것 자체가 충격으로 받아들여질 것이다.

무엇보다 K바이오업체 가운데 '규모의 경제'를 어느 정도 확보한 곳을 중심으로 개발 중인 신약을 상업화까지 자력 완주하려고 회사 역량을 집중하는 곳들이 급증할 것으로 예상된다. 국내외에서 기술수입을 하려는 바이오기업들도 크게 늘어날 것이다. 지금은 대부분 국내 바이오업체는 연구 자금 부족 등을 이유로 자체 신약의 상업화보다는 신약 기술수출을 최종 목표로 삼고 있는 형편이다.

여기에 K바이오의 블록버스터 확보는 글로벌 바이오업계에서 한국의 신약 기술력이 글로벌 수준에 도달했음을 인정받는 보증수표로 작용할 전망이다. 블록버스터는 국내는 물론 미국, 유럽 등 세계 주요 시장에서 내로라하는 글로벌제약사들의 혁신신약들과 경쟁해서 우위를 차지해야만 등극이 가능하기 때문이다.

특히 K바이오의 신약 기술력을 글로벌하게 입증하면서 국내는 물론 해외 업체들과의 합종연횡도 가속화할 것으로 점쳐진다. 글로벌 제약·바이오업체들은 예외 없이 잠재력 있는 신약 파이프라인을 확보하고 있는 바이오사들을 경쟁적으로 인수·합병해 급성장을 거듭해왔다는 점에서 K바이오도 더 이상 예외가 될 수 없을 것으로 보인다.

신약 개발 사활 건 윤웅섭
일동제약 부회장의 전략은

최근 일동제약이 몰라보게 독해지고 있다는 평가다. 무엇보다 수년째 해마다 매출의 20% 가까이를 신약 연구·개발(R&D)에 과감하게 투자하는 모습을 보이면서 업계에 신선한 충격을 주고 있다. 신약 개발의 강자

윤웅섭 일동제약 대표이사 부회장(사진: 일동제약)

로 거듭나기 위해 회사의 사활을 걸고 있는 형국이다. 매출 대비 R&D 투자 비율은 단연 업계 최고 수준이다. 그만큼 '신약 명가'를 향한 의지가 업계 어느 누구보다 강하다는 반증이다. 지난 4년간 연구개발비로만 4,000억 원가량을 투입했다.

일각에서는 과도한 R&D 투자가 야기하는

손익 악화를 내세우며, 신약 전문 회사로 거듭나려는 일동제약의 진정성을 일방적으로 폄훼하기도 한다. 실제 지난 3년간 일동제약은 R&D 투자 영향으로 매년 500억 원이 넘는 영업적자 행진을 이어왔다. 2023년에도 신약 개발에 매출의 20%가량을 쏟아부으면서 매출 6,008억 원에 영업적자 539억 원을 기록했다. 하지만 2023년 4분기 일동제약은 보란 듯이 흑자전환에 성공하면서 세간의 우려를 상당 부분 불식시켰다. 일동제약이 R&D 전문 자회사인 유노비아를 설립하면서 연구개발비 부담을 털어낸 것이 주효했다. 업계에서 유노비아는 일동제약이 신약 개발 전문 회사로 거듭나기 위해 던진 '신의 한 수'라는 평가를 받는다.

최근 일동제약의 변신을 주도하고 있는 윤웅섭 일동제약 대표이사 부회장을 만나 일동제약이 나아가고자 하는 목적지와 여기에 도달하기 위한 전략 등을 들어봤다. 지난 2021년 부회장 자리에 오른 윤 부회장은 일동제약 창업자인 고(故) 윤용구 회장의 손자이다. 2024년부터는 한국제약바이오협회 이사장으로 취임, 업계의 성장과 도약을 위해 대외 활동을 활발하게 벌이고 있다.

신약 개발,
어렵지만 반드시 가야 할 길
—

"2024년 일동제약은 '이기는 조직문화 구축'을 핵심 경영지표로 선정했다. 새로운 도약을 위해서는 각 조직은 물론 회사 전체 차원에서 계획한 목표를 실질적으로 달성해내야만 한다. 조직 내부에 시장에서 경쟁 우위를 점하려는 '위닝 멘털리티(이기려는 마음가짐)'가 확고하게 자리잡아야 한다."

윤 부회장은 신약 개발 강자로 도약하기 위해서는 결국 탄탄한 실적이 지속적으로 뒷받침되어야 한다는 점을 강조했다. 그러기 위해서는 반드시 경영 목표를 달성하는 '독한' 일동제약이 되어야 한다는 것이 그의 지론이다. 이를 위해 일동제약은 2024년부터 '매출 및 수익 목표 달성' '경쟁우위의 생산성 향상'을 기준으로 매출 및 영업이익 등 경영 목표 달성, 매출원가율 개선, 메가 품목·파이프라인 발굴 및 개발, 인적 생산성 제고, 원가경쟁력 확보, 중장기 포트폴리오 구축 및 관리 등 세부 항목을 면밀하게 전사적으로 관리하고 있다.

"일동제약은 오랜 역사와 전통을 가진 회사로서 좋은 기업 이미지와 브랜드를 갖고 있다. 의약품, 헬스케어 등과 관련한 다양하고 균형 잡힌 사업 포트폴리오를 보유하고 있다는 점도 큰 경쟁력이다. 전문적이고 유기적인 R&D 체계와 유망 신약 파이프라인 등의 자산도 빼놓을 수 없는 강점이다."

윤 부회장은 일동제약이 신약 개발 대표 주자로 도약하기 위한 기본적인 인프라와 경쟁력은 이미 완비했다고 자평했다. 이제는 그 구슬들을 꿰어낼 시점이라는 것이다. 그는 신약 연구개발을 전담하는 자회사 유노비아와 그룹 내 R&D 관련 계열사인 항암 신약 개발 전문 아이디언스, 임상약리 컨설팅 애임스바이오사이언스, 디스커버리 전문 아이리드비엠에스 등이 연합해 연구 효율과 전문성을 극대화하면서 시너지가 본격화하고 있는 상황이라고 설명했다.

윤 부회장은 풍부한 신약 파이프라인을 발판으로 이제부터 조기 기술 수출과 오픈 이노베이션 등을 통해 지속적인 신약 개발을 성공적으로 이

끌어나가겠다고 다짐했다.

그는 일동제약의 간판 신약 파이프라인으로 당뇨와 비만을 겨냥한 GLP-1 작용제 기전의 후보물질(ID110521156), P-CAB 계열의 소화성궤양 치료제 후보물질(ID120040002), A1·A2A 길항제인 파킨슨병 치료제 후보물질(ID119040338) 등을 첫손에 꼽았다. 윤 부회장은 이들 신약물질은 이미 "상업화 및 제휴 논의가 국내외 기업들과 활발하게 진행 중"이라며 "빠르면 2024년 안에 글로벌제약사에 라이선스 아웃하는 성과를 거둘 수 있을 것"이라고 귀띔했다.

신약 전문 자회사 유노비아 설립,
'신약명가' 시동
—

신약 연구개발 전문 자회사 유노비아를 2023년 말 출범한 후 새로운 도약의 기틀을 마련한 것으로 평가받는다. 일동제약은 유노비아 분사 이후 ETC(전문의약품)·OTC(일반의약품)·CHC(컨슈머 헬스케어) 등 기존 주력 사업을 기반으로 외형성장과 수익창출에 주력하는 전략에 집중하고 있다. 여기에 유노비아는 신약 파이프라인 등 R&D 자산의 재정비, 선택과 집중을 통한 신약 개발 효율화 등을 중점 전담하는 구조다.

윤 부회장은 유노비아 출범에 대해 "사업의 전문화와 효율성 추구가 가능해졌다"면서 "비용 부담이 컸던 R&D 부문을 분리하게 되면서 외부 투자 유치와 자금조달에 유리한 체제를 확립, 각각의 사업 영역이 안정적이고 밀도 있게 운영될 수 있는 발판을 만들었다"고 의미를 부여했다.

신약 개발, 흑자 달성
두 마리 토끼 잡을 것
—

막대한 연구개발비 지출로 손익이 악화되는 것에 대한 세간의 혹평에 대해 윤 부회장은 "신약 개발은 어렵지만 글로벌 플레이어로 도약하기 위해서는 반드시 가야 할 길"이라고 단호하게 선을 그었다. 제네릭과 다국적 제약사의 의약품을 대신 팔아 실적을 내는 데 안주해서는 K바이오의 미래가 어두울 수밖에 없고 신약 개발만이 제약강국으로 도약할 수 있는 유일한 해법이라는 게 그의 판단이다.

"국내 제약산업의 여건을 감안했을 때 현실적으로 신약 개발과 흑자 달성이라는 두 마리 토끼를 잡을 수 있는 규모의 경제가 뒷받침되는 기업은 많지 않다. 시장에서 자금조달과 투자 유치, 오픈 이노베이션, 라이선스 아웃과 같은 전략이 필수적으로 동반되어야 하는 배경이다. 일동제약은 R&D 부문을 독립시키면서 이제 투자 유치와 오픈 이노베이션 추진에 유리한 조건을 갖춘 상태다. 일동제약의 강점인 ETC·OTC·CHC 등 주력사업을 통해 수익성을 극대화하는 동시에 자회사 유노비아를 통해 투자 유치, 라이선스 아웃 등을 추진, 지속 가능한 선순환의 R&D 체계를 만들고자 한다."

한국판 모더나 탄생 가능성은

인류 전염병 역사에서 큰 획을 긋고 있는 코로나19 팬데믹(세계적 전염병 대유행)이 발발한 지 여러 해가 돼간다. 얼마 전까지만 해도 유례없이 신속한 백신 개발에 힘입어 마침내 코로나19는 조만간 자취를 감출 것으로 예견됐다.

하지만 잇단 변이종 출현으로 코로나19 대유행 '시즌 2'라는 판도라 상자가 활짝 열리면서 누구도 코로나19의 종말을 장담하기 힘든 형국으로 뒤바뀌었다. 일부 전문가들은 "코로나19는 독감처럼 인류가 영원히 공생해야 하는 불멸의 바이러스로 자리잡을 것"이라는 암울한 전망까지 내놓는다.

어둠이 있으면 밝음도 있는 법이다. 대부분 인류에게 코로나19 대유행은 재앙으로 작용하지만 이를 절호의 기회로 활용하는 자들도 적지 않다. 특히 비대면의 시대가 본격 전개되면서 이와 밀접한 이커머스, 물류, 온라인 미디어, 게임, 통신 업종 등이 큰 수혜를 받았다.

'실력+천운'이 모더나가
글로벌기업 도약한 비결
—

코로나19 치료제나 백신 개발에 성공한 업체들도 그야말로 '초대박' 행진을 이어갔다. 이 가운데 세계인들에게 가장 강렬한 인상을 심어주며 최고의 코로나19 특수를 누린 제약기업으로는 단연 미국 바이오벤처 모더나가 첫손에 꼽힌다. 모더나는 2020년 코로나19가 터지자 백신 개발에 뛰어든 지 9개월 만에 성공, 전 세계에서 코로나19 백신을 가장 빨리 내놓으며 화제의 주인공이 됐다. 이전까지만 하더라도 개발에 성공한 변변한 의약품 하나 없었다. 게다가 지난 10여 년간 누적적자만 무려 2조 원에 달하는 변방의 바이오기업이었다.

하지만 코로나19 백신 개발에 성공하면서 단숨에 글로벌 바이오 간판스타로 도약하는 계기를 마련했다. 모더나는 지난 2022년 매출 25조 원, 당기순이익 11조 원을 각각 돌파했다. 국내 제약·바이오 전체 시장규모가 24조 원 안팎임을 감안하면 모더나의 실적이 어느 정도인지 가늠할 수 있다.

모더나가 한순간 글로벌 대표 바이오기업으로 우뚝 서게 된 비결로는 '한 우물 파기' '전사적 디지털화' '창업자의 선견지명' 등 여러 가지 요인이 꼽힌다. 물론 이들 비결에 앞서 빼놓을 수 없는 가장 큰 성공 요인은 '천운'이다. 모더나는 지난 10여 년간 mRNA 방식의 치료제를 개발하기 위해 집중 연구해왔다. 하지만 이때까지 상업화에 성공한 의약품이 전무해 주변으로부터 mRNA 방식은 실현 가능성이 낮다는 따가운 비판을 받아왔다.

이런 상황에서 마침 코로나19 대유행이 발생하자, 축적하고 있던

mRNA 방식에 대한 노하우를 활용, 코로나19 백신을 가장 신속하게 내놓을 수 있었다. '준비된 자만이 기회가 왔을 때 놓치지 않고 움켜잡을 수 있다'고 하지만 모더나에게 코로나19 대유행은 가히 천 년에 한 번 만날 수 있는 천재일우(千載一遇)로 작용했다.

요컨대 모더나의 성공스토리는 '실력과 천운' 두 가지를 겸비하면 제2, 제3의 모더나 탄생은 제약·바이오뿐 아니라 어느 업종에서든 실현 가능한 일이라는 것을 여실하게 보여준다. 국내 바이오업계에서는 오늘도 세계 최고의 신약 기술을 확보하고 있다는 것을 자부하면서 블록버스터 신약을 목표로 불철주야 매진하는 기업들이 상당수다. 이들에게도 모더나가 맞이한 천운이 하루빨리 도래하길 기대해본다.

4

K바이오
가로막는 걸림돌

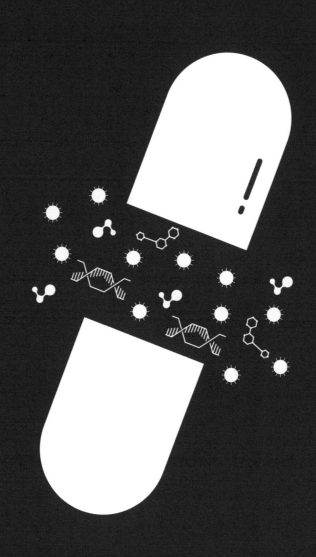

잇단 바이오 1세대 퇴진의 교훈

최근 1세대 바이오 창업자들이 잇달아 경영 전면에서 퇴진하는 상황이 연출되고 있어 업계가 주목하고 있다. 김선영 헬릭스미스 창업자를 비롯 성영철 제넥신 창업자, 조중명 크리스탈지노믹스 창업자 등이 자신이 설립한 회사의 경영권을 넘겨주고 물러난 대표적인 1세대 바이오기업인으로 손꼽힌다.

90년대 창업,
20여 년간 K바이오 대표 주자 군림
—

이들 창업자는 90년대 후반부터 2000년대 초반 사이 바이오벤처 창업 붐이 한창일 때 사업을 시작, 20여 년간 K바이오를 이끈 주역들로 자리매김해왔다. 일각에서는 바이오 1세대 창업가들이 대거 사실상 경영에서 퇴진하면서 K바이오 주도권은 이제 바이오 2세대, 3세대 기업인들에게 본격적으로 넘어가는 단계에 진입했다고 진단한다.

이번에 퇴진한 이들 1세대 바이오 창업가는 공통적으로 1대 주주 자리를 내놓으면서 외부로부터 자금을 수혈받는 출구전략을 폈다. 수십 년간

왼쪽부터 김선영 헬릭스미스 창업자, 성영철 제넥신 창업자,
조중명 크리스탈지노믹스 창업자(사진: 각사)

회사가 매출을 거의 일으키지 못했으면서도, 적자만 눈덩이처럼 불어나는 사업 구조다 보니 경영권을 넘기는 방법 외에 더 이상 회사를 자력으로 회생시킬 별다른 묘책이 없었기 때문으로 풀이된다. 실제 헬릭스미스는 바이오솔루션이, 크리스탈지노믹스(현 CG인바이츠)는 뉴레이크인바이츠가, 제넥신은 한독이 각각 경영권을 넘겨받았다.

최근 퇴진한 1세대 바이오 창업자들은 공교롭게도 무려 20여 년간 신약 개발에 집중해왔지만 결과적으로 변변한 신약 하나 제대로 개발, 상용화하지 못하고 경영권을 내놓으면서 아쉬움을 남겼다. 이들 창업자는 신약 개발에 인생을 걸고 절치부심했다고 자부하지만 외부에서 바라보는 시각은 싸늘하기만 하다.

특히 이들이 창업한 회사의 주가가 신약 개발이라는 호재를 발판으로 고공행진을 거듭할 때 한 배를 탔던 상당수 투자자들은 지금도 막대한 손실의 늪에서 고통을 받고 있다. 주식투자의 결과는 투자자들이 오롯하게 책임져야 마땅하지만, 신약 개발 성공을 틈나는 대로 장담하던 바이오 창업자들의 모습을 믿었던 투자자들로서는 심한 배신감을 떨쳐버리기 힘들 것이다. 1세대 바이오 창업자들의 쓸쓸한 퇴장은 바이오업계는 물론 투자자들에게도 각인해야 할 귀중한 교훈을 던지고 있다.

무엇보다 신약 개발을 주요 사업으로 하는 바이오벤처의 비즈니스모델은 다른 어느 산업보다 어렵고도 어렵다는 것을 새삼 일깨워준다. 수십 년간 수천억 원을 쏟아부어도 신약 개발의 성공 여부를 결정하는 것은 사실상 '신의 영역'에 가깝다고 볼 수 있다.

경쟁력 있는 신약물질 확보 및
자금조달 능력이 성공 담보
―

바이오벤처를 창업, 승부를 걸겠다고 한다면 먼저 확실하게 경쟁력 있는 후보물질을 확보하고, 신약 개발 일정별로 치밀한 자금조달 해법을 손 안에 넣는 게 필수적이다. 의욕적으로 창업을 했으나 신약 개발 도중에 성과가 부진해 추가 자금조달이 어려워지는 바이오벤처가 지금도 넘쳐난다. 이 경우 대부분 바이오벤처는 고비를 넘기지 못하고 이들 1세대 바이오 기업인처럼 경영권을 넘기거나 문을 닫게 되는 수순을 밟고 있다.

여기에 임상연구를 통해 약효나 안전성에 문제가 있어 향후 신약 개발에 결정적인 걸림돌로 작용할 것으로 예상되면 과감하게 신약물질을 버리는 결단성을 갖춰야 한다. 장기간 막대한 자금을 동원해 연구개발했지만 결국 잇단 임상 실패로 회사가 존폐의 위기로 내몰리는 대부분 경우는 이 결단을 하지 못했기 때문이다. '초기 진화'를 못하면 붙은 건물을 통째로 잿더미로 만들 수 있다.

요컨데 충분한 단계별 연구비 확보 방안을 수립하고, 일정 대로 신약 개발을 성공적으로 이끌어야 바이오벤처의 성공 신화가 탄생할 수 있는 것이다.

바이오업체에 투자하는 투자자들도 바이오는 전 업종을 통틀어 가장 투자 위험이 높고, 대신 성공하면 가장 높은 수익률을 낼 수 있는 대표적인 '하이리스크, 하이리턴' 투자 영역이라는 것을 잊어서는 안 된다. 특히 신약 개발의 성과를 도출하기까지 10여 년 안팎이 걸린다는 점을 감안, 단기보다는 장기투자를 하는 것이 바이오 투자의 위험도를 줄이고, 수익을 극대화하는 효과적인 투자법이다.

다행히 1세대 바이오 창업자들의 무더기 퇴진에도 여전히 맹활약하고 있는 1세대 창업자들이 있어 희망을 던지고 있다. 특히 박순재 알테오젠 대표와 김용주 레고켐바이오사이언스 대표는 창업한 바이오벤처를 K바이오 간판 기업으로 키워내 주목받고 있는 대표적 1세대 바이오 창업자다.

알테오젠은 지난 2020년 머크에 정맥주사(IV)를 피하주사(SC)제형으로 바꿔주는 원천기술을 4조 6,000억 원에 기술이전하면서 업계의 부러움을 사고 있다. 레고켐바이오사이언스는 2024년 초 오리온을 대주주로 영입하며 5,500여억 원을 투자 유치, 실탄을 확보하며 자체 신약 상용화를 벼르고 있는 1세대 바이오벤처다.

공공의 적,
바이오 카르텔

"이권과 이념에 기반을 둔 패거리 카르텔을 반드시 타파하겠다."

윤석열 대통령은 2024년 1월 초 신년사 브리핑에서 '카르텔 타파'를 국정 화두로 삼고, 강력하게 지속 실천해나가겠다고 천명했다. 윤 대통령은 그간 사교육, 과학계, 통신업계, 건설업계 카르텔 등을 잇달아 척결하겠다고 선언하며 사실상 카르텔과 전쟁을 벌이고 있는 모양새다.

출처: 게티이미지뱅크

카르텔 타도에 명운을 거는 듯한 윤 정권의 모습은 '범죄와의 전쟁'을 선포하며 조직폭력배 일망타진에 나섰던 노태우 전 대통령을 연상시키기도 한다. 카르텔(Cartel)은 상호 담합을 통해 서로의 이익을 극대화하고, 시장을 지배하려는 독립적인 시장 참여자 집단이다.

일각에서는 스스로 검찰 카르텔을 앞장서 조성하고 있는 윤 정권이 여타 카르텔에 비수를 꽂을 자격이 있는지 반문하기도 한다. 이 자리에서 윤 정권이 추진하는 카르텔 타도 정책을 시시비비(是是非非)하고 싶지는 않다. 다만 우리 사회 곳곳에 깊숙이 자리잡은 불법·편법적인 카르텔의 심각한 폐해를 더 이상 방치해서는 안 된다는 절박감에는 공감한다.

신약 도입·이전, 교차 투자,
신약 공동개발이 단골 메뉴
—

한국 경제의 미래성장동력으로 급부상하고 있는 제약·바이오업계에서도 '카르텔'은 이미 탄탄하게 뿌리내리면서 K바이오 도약에 결정적 걸림돌로 작용한 지 오래다. 일명 '바이오 카르텔'은 시간이 지날수록 그 행태가 교묘해지면서 얼핏 보면 외부에서는 카르텔의 존재조차 구분하기 어려운 지경에 이르렀다.

바이오 카르텔들이 투자자들을 현혹하고 시장을 교란하기 위해 일삼고 있는 대표적 담합행위로는 신약 기술 도입·이전, 지분 교차 투자, 신약 공동개발 등이 꼽힌다. 특히 이런 담합은 겉으로 보기에는 정상적 기업활동으로 비추어지기에 속아 넘어가는 투자자들의 피해가 심각한 실정이다.

바이오 카르텔 기업 간 신약 기술 도입·이전의 경우, 서로 사전에 짜고 아무런 성과를 기대할 수 없는 신약물질을 터무니없이 높은 가격으로 거래하면서 투자자들을 유혹한다. 이때 신약 기술을 도입하는 측이나 이전하는 회사나 이구동성으로 해당 신약 기술이 글로벌 경쟁력을 입증했다고 장담하면서 투자자들을 끌어들인다. 이런 이벤트를 악용, 주가를 띄우고 카르텔 주체들은 뒷단에서 차익을 챙긴다. 물론 이후 도입된 신약 기술은 몇 년이 지나도 임상시험 진척은 없다가 흐지부지되는 수순을 밟는다.

카르텔 간 회사 지분을 교차 투자하는 것도 전형적 담합 유형이다. 카르텔 주체 간 상대방 주식을 높은 가격으로 서로 교차 투자, 보유하게 되면 대개 덩달아 회사 몸값도 오르게 된다. 이때 고평가된 주가를 활용, 제3자에게 유상증자나 지분투자를 유치해 카르텔 참여자들은 이익을 챙기는 구조다. 대개 상업화 가능성이 거의 없는 신약물질만을 보유하고 있기에 카르텔로서는 큰 차익을 볼 수 있는 기회가 된다.

바이오 카르텔들이 자주 벌이는 신약 공동개발도 투자자와 시장을 교란시키는 단골 메뉴다. 두 회사가 별다른 신약 개발 가능성이 없는 신약 기술을 가지고도, 서로의 약을 공동으로 개발하겠다고 대내외에 공표하면 시장에서는 호재로 받아들이게 된다. 물론 이후 공동 신약 개발을 위해 이뤄지는 행위는 없다.

카르텔 탓 신약 개발 전념 K바이오
투자 제때 못 받아
—

이런 바이오 카르텔 간 담합행위는 바이오업종의 독특한 특성이 있기에 가능하다는 게 업계의 판단이다. 무엇보다 신약 기술을 적확하게 평가할 수 있는 객관적 잣대가 갖춰져 있지 않다. 바이오 카르텔이 담합해 신약 기술의 가치를 의도적으로 부풀린다면 시장과 투자자들은 손쉽게 속아 넘어갈 수밖에 없는 구조다. 여기에 신약 개발을 위한 임상시험이 십수 년에 걸쳐 장기간 이뤄지다 보니 카르텔의 '계획 범죄'를 입증하거나 적발하기는 지극히 어려운 실정이다.

업계는 최근 바이오 카르텔이 갈수록 세를 키워가는 형국이라고 우려한다. 바이오 투자 줄기가 마르고 자금이 바닥나는 바이오벤처가 속출하면서 카르텔의 유혹에 못 이겨 넘어가는 회사가 생겨나고 있어서다.

바이오 카르텔들은 대개 수십 년간 변변한 신약 하나 개발하고 있지 못하면서도, 문어발식으로 계열·관계·협력사를 구축, 방만한 경영을 하고 있다는 공통점이 있다. 이들은 겉으로는 신약 개발에 집중하는 듯지만 속을 들여다보면 허위·과장 이벤트를 활용한 유상증자, 우회상장, 인수·합병 등을 상습적으로 반복하면서 '돈놀이'에 열중한다는 공통분모를 가진다. 물론 이들 돈놀이의 최종 피해는 오롯하게 투자자들의 몫이다.

바이오 카르텔은 카르텔 자체에 국한하지 않고, K바이오 전체 신뢰성에 금을 가게 만드는 심각한 폐해를 끼치고 있어 발본색원이 시급하다는 게 업계의 하소연이다. 특히 바이오 카르텔이 업계 전체 신뢰성을 떨어뜨리고 있는 탓에, 정작 차별화된 글로벌 신약 기술력을 기반으로 진검승부를 벌이는 상당수 K바이오벤처들은 투자를 제때 받지 못해 기업 존폐를 위협받고 있는 현실이다.

국산 신약
역차별하는 식약처

대표적 K바이오벤처인 현대바이오사이언스(현대바이오)는 팍스로비드 등 기존 외산 코로나19 치료제보다 탁월한 약효와 안전성을 갖춘 치료제인 '제프티' 개발에 성공하면서 세간의 주목을 받았다. 2022년 3월의 일이다. 하지만 어찌된 일인지 1년이 지난 지금도 식품의약품안전처(식약처)가 이 치료제의 사용을 승인했다는 소리가 들리지 않는다.

통상적으로 길어야 20일 안팎이면 신약의 긴급사용승인 여부를 결정하

현대바이오사이언스 오상기 대표(사진: 홈페이지 영상 캡처)

는 식약처의 프로세스에 커다란 구멍이 뚫린 형국이다. 현대바이오는 지난 3년간 자금이 넉넉지 않은 바이오벤처로서 회사의 사활을 걸고 연구개발비 500여억 원을 투입해 제프티를 탄생시켰다.

식약처, 긴급사용승인 검토
질병청 핑계로 방관
—

너욱이 낳은 국내 기업들이 앞다퉈 코로나19 백신 및 치료제를 개발한다고 정부 연구 자금을 끌어다 썼지만 현대바이오는 단 한 푼도 정부자금을 사용하지 못했다. 바이오벤처로서 신약 개발 경력이 일천하다는 이유로 정부자금 지원 심사 단계에서 모두 떨어진 결과다. 그럼에도 온갖 경영상의 어려움을 이겨내면서 자력으로 당당하게 치료제 개발에 성공했지만, 신약 허가가 마냥 미뤄지다 보니 지금 현대바이오는 회사 경영에 상당한 차질을 빚고 있는 실정이다.

앞서 현대바이오는 2022년 3월, 제프티의 '긴급사용승인을 위한 통합 임상시험(2상, 3상 결합)'의 성공적 임상 결과를 정리해 질병관리청(질병청)에 긴급사용승인 요청을 했다. 이때까지도 제프티의 상용화는 시간 문제일 뿐이라고 다들 예상했다. 하지만 이 자료를 검토한 질병청은 한 달 후 자신들은 "전문성이 부족하다"면서 국산 코로나19 치료제의 '긴급사용승인을 위한 안전성·유효성에 대한 사전 검토'를 할 수 없다고 발을 빼면서 일이 꼬이기 시작했다.

정작 긴급사용승인을 검토해야 할 해당 정부기관인 식약처조차 "질병청이 긴급사용승인을 요청한 적이 없다"는 것을 이유로 "국산 코로나19 치료제의 긴급사용승인을 위한 안전성·유효성에 대한 사전 검토를 할 수 없다"며 손을 놓으면서 제프티의 험난한 앞길을 예고했다.

외국산 치료제·백신,
식약처 신속 긴급상용승인
—

질병청과 식약처는 외국산 코로나19 치료제에 대해서는 국산 치료제와는 정반대의 행정 조치를 취했다는 것이 밝혀지면서 업계로부터 비판을 받고 있다. 실제 미국에서 지난 2021년 긴급사용승인된 코로나19 치료제 '팍스로비드'에 대해서는 질병청이 긴급사용승인 요청을 하기도 전에 '긴급사용승인을 위한 안전성·유효성에 대한 사전 검토'를 했다. 이듬해에도 식약처는 미국 베루사가 코로나19 치료제 '사비자불린'에 대한 사전 검토 신청을 하자 '긴급사용승인을 위한 사전 검토'를 실시했다.

요컨대 식약처는 외국산 코로나19 치료제에 대해서는 질병청의 긴급사용승인 요청 전에도 자체적으로 앞장서 안전성·유효성 사전 검토를 실시하고, 국산인 제프티의 경우 질병청을 핑계로 수수방관하는 어이없는 상황이 벌어지고 있는 것이다.

식약처의 의도야 어떠하든간에 결과적으로 외국산 치료제에 비해 국산을 역차별한다는 볼멘 목소리가 업계로부터 쏟아지는 배경이다. 전염병으로부터 국민의 건강과 생명을 앞장서 지켜내야 할 식약처와 질병청이 사실상 '책임 떠넘기기'에 몰두하면서 어렵사리 개발한 국산 코로나19 치료제는 자칫 사장 위기에 놓이게 됐다.

전염병 창궐 시대,
치료제·백신 기업 전폭 지원 필요
—

업계에서는 식약처와 질병청이 제프티의 긴급사용승인을 방치하는 배경에는 공무원들의 전형적인 악습인 '복지부동'이 자리하고 있다고 의심한다. 미국 식품의약국(FDA)에서 먼저 긴급사용승인을 받은 코로나19 치료제는 이미 약효나 안전성이 검증이 됐으니, 뒤따라서 승인을 하더라도 별다른 위험이 없다는 것이다. 그야말로 '신약 사대주의'의 전형이라고 볼 수 있는 대목이다. 여기에 코로나19 대유행이 끝났으니 아무리 국내 업체가 개발한 혁신적인 코로나19 치료제라도 승인을 급하게 내줄 필요가 없다는 판단을 질병청과 식약처가 하고 있다는 게 업계의 생각이다.

제프티는 임상 결과 팍스로비드 등 세계적으로 인정받는 대표적인 코로나19 치료제보다 효능이나 안전성이 월등하다는 것을 입증한 혁신적인 치료제다. 국내 바이오벤처가 회사의 모든 것을 걸고 일궈낸 이런 성과에 대해 사기진작 차원에서라도 정부에서 파격적 대접과 격려를 해줘야 마땅하다. 그런데도 식약처와 질병청은 오히려 제프티에게만 유독 지나친 푸대접으로 일관하고 있어 빈축을 사고 있다.

전문가들은 제2, 제3의 코로나19와 같은 대유행병은 갈수록 빈발할 것이라고 입을 모은다. 현대바이오와 같이 전염병 전쟁에서 혁혁한 전공을 세운 바이오벤처를 정부가 지금처럼 무시하고 방치한다면 어떤 기업이 향후 전염병 치료제와 백신 개발에 선뜻 나서겠는가. 식약처와 질병청은 이번에 현대바이오의 제프티가 어떻게 다뤄지는지를 업계가 예의 주시하고 있다는 점을 알아야 한다.

흉터를
부추기는 나라

흉터는 살아가면서 누구나 될 수 있으면 갖고 싶지 않은 상처가 남긴 흔적이다. 특히 얼굴이나 가슴 등 민감한 부위에 생긴 흉터는 자칫 평생에 걸쳐 트라우마로 작용할 정도로 심각한 후유증을 남긴다.

정부가 흉터가 남을 정도로 심각한 화상을 입은 중증 환자들을 대상으로 대폭적인 치료비 보조 정책을 펴온 것도 이러한 흉터의 폐해를 최소화하기 위한 것이었다. 정부는 그동안 초기에 적절히 치료하지 않으면 기능성 장애와 흉터가 남을 수 있는 2도 이상 중증 화상 환자를 대상으로 치료비의 5%만 환자가 부담하고, 나머지는 정부가 책임지는 산정특례제도를 운영해왔다.

매년 50만 명 발생,
2도 화상 환자 정부지원금 사라져

하지만 문재인 정부가 지난 2021년 국민 의료비 부담을 낮춘다는 명목으로 중증 화상 환자를 대상으로 하는 산정특례제도를 대폭 축소하면서 문제가 불거지기 시작하고 있다. 당시 문 정부는 산정특례제도의 적용 대

상을 피부이식수술이 필요한 3도 이상 중증 화상 환자에게만 국한하고, 2도 중증 화상 환자는 제외하는 제도 변경을 전격 단행했다.

이 제도 변경으로 효과적인 치료를 받을 수 있는 생활 형편이 안 되는 화상 환자들이 정부로부터 화상 치료비 보조를 받지 못해, 결국 흉터가 남는 경우가 속출하고 있다는 게 관련 업계와 화상 환자들의 지적이다. 건강보험심사평가원 자료를 분석해 보면 2022년 발생한 2도 중증 환자수는 50만 명을 육박했다. 지난 5년간 2도 중증 환자수도 매년 이와 비슷한 규모로 발생했다.

흉터 없애는 첨단 세포치료제
고가여서 '그림의 떡'
—

예전에는 2도 이상 중증 화상을 입을 경우 제때 치료를 잘 받더라도 일부 흉터가 남는 경우가 대부분이었다. 하지만 10여 년 전부터 바이오벤처인 테고사이언스 등이 첨단 세포치료제 개발에 성공하면서 2도 화상은 이 치료제로 치료를 적절하게 받게 되면 흉터가 거의 남지 않게 되는 시대가 본격 개막됐다. K바이오가 개발한 세포치료제는 빠르고 깨끗하게 화상으로 인해 생긴 상처를 치료하기 때문에 흉터가 남지 않게 되는 뛰어난 치료 효능을 발휘한다는 평가다.

이런 상황에서 문 정부의 제도 변경으로 생활 형편이 어려운 2도 화상 환자 상당수는 이 첨단 세포치료제가, 이제는 혜택을 누릴 수 없는 '그림의 떡'으로 전락하게 된 것이다. 업계는 정확한 수치를 산출할 수는 없지만 해마다 발생하는 50만 명가량의 2도 중증 화상 환자 가운데 절반 안팎이 첨단 세포치료제로 제대로 치료를 받지 못 하고 있다고 추산한다. 이들은 산정특례제도 축소로, 비싼 치료비를 부담할 수 없어 단순히 연고나 드레싱 등으로 치료하면서 예전처럼 끝내 흉터를 안고 살아가게 되는 상황이다.

문 정부가 이 산정특례제도를 변경하기 전에는 2도 중증 화상 환자가 첨단 세포치료제로 치료를 받게 되면 치료비의 5%만 환자 부담이어서 대략 3만 원 정도의 비용으로 가능했다. 하지만 이 제도가 폐지되면서 지금은 30만 원 안팎의 치료비를 2도 화상 환자 본인이 부담해야 한다. 형편이 어려운 화상 환자에게는 큰 부담이 아닐 수 없다.

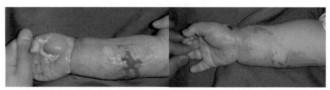

2도 화상을 입은 환자 팔(왼쪽)을 첨단 세포치료제로 치료, 상처가 빠르게 아물어 흉터가 없어진 모습(오른쪽)(사진: 테고사이언스)

첨단 바이오업체,
지원 대신 발목 잡는 정부 패착
—

정부의 2도 화상 치료제 보조금이 사라지면서 첨단 세포치료제 수요 또한 급감 추세다. 제품 수요가 줄어들면서 수백억 원에 달하는 연구개발비를 들여 첨단 세포치료제를 개발한 국내 바이오벤처들도 직격탄을 맞고 있다.

K바이오는 세계 최초로 첨단 세포치료제를 자체 개발, 상용화에 성공

하면서 세간의 화제가 되기도 했다. 그만큼 K바이오는 세포치료제 분야에서만큼은 세계적으로도 가장 앞서가는 기술력을 보유하고 있는 셈이다. 하지만 승승장구하던 국내 세포치료제 개발 업체들은 갑작스러운 특례제도 변경 이후 연간 매출이 30% 안팎으로 줄어들었다. 그러다 보니 예전처럼 최첨단 세포치료제를 의욕적으로 연구개발하려고 해도 여력이 없어 난감한 처지에 놓여 있다. 국민건강보험 부담을 줄인다는 명목으로 정부가 실시한 제도 개편이 최첨단 바이오의약품을 연구개발하는 K바이오 업계에 찬물을 끼얹고 있는 형국인 셈이다.

익명을 요구한 한 세포치료제 업계 고위 관계자는 "우리가 개발한 세포치료제로 화상 환자들의 흉터를 효과적으로 없앤다는 남다른 보람이 있었다"면서 "하지만 정부는 국민 건강을 위해 효능이 뛰어난 의약품을 개발한 업체들에게 수혜를 주지는 못할 망정 정책 변경으로 발등에 도끼를 찍는 상황이어서 안타깝다"고 하소연했다.

국고 부담 조금 줄이고자 국민의 화상 상처와 흉터는 나몰라라 하는 나라, 생활 형편이 어려운 국민은 화상 흉터가 생겨도 괜찮다는 나라, 첨단 의약품을 개발한 업체를 지원하기는커녕 푸대접하는 나라. 해외에서는 선진국이라고 대접받고, 제약강국으로 도약하겠다는 대한민국의 일그러진 현실이다.

변죽만 울리는 바이오 정책

정부는 5년 내 글로벌 6대 제약·바이오강국 진입을 이뤄낸다는 것을 목표로 잇달아 지원 정책을 쏟아내고 있다. 정부가 그동안 내놓은 여러 바이오 지원책 가운데 2027년까지 연 매출 1조 원 이상 블록버스터 신약 2개 창출, 바이오업계의 신약 개발 지원을 위해 1조 원 규모의 K-바이오 백신 펀드를 조성한다는 대목은 주목할 만하다. 약속대로 실행된다면 상당한 파급효과를 가져올 것으로 기대된다.

윤 정부, 블록버스터 창출,
1조 펀드 조성 등 지원책 쏟아내
—

K-바이오는 비록 미국, 독일 등에 비해서는 늦었지만, 코로나19 치료제(셀트리온)와 코로나19 백신(SK바이오사이언스) 모두 개발에 결국 성공하면서 당당하게 글로벌 바이오 경쟁력과 저력을 입증한 바 있다. 여기에 정부가 효과적인 지원 정책으로 전폭적으로 밀어준다면 제약강국으로의 도약은 머지않아 현실로 다가올 수 있을 전망이다.

그리되면 바이오는 반도체, 자동차, 배터리 등과 함께 한국 경제를 이끄는 핵심 산업으로 자리매김하게 될 것이 확실하다. 이런 맥락에서 바이오를 국가 경제의 핵심 성장동력으로 키워내겠다며 팔을 걷어붙이고 나선 윤 정부는 제대로 맥을 짚었다고 볼 수 있다.

문제는 정부가 그동안 내놓은 바이오 지원 정책이 제약강국 목표를 달성하는 데 과연 얼마나 효과를 발휘할 수 있느냐는 것이다. 결론부터 얘기하자면 지금까지 정부의 바이오 지원 정책은 핵심을 완전히 비껴가고 있다는 판단이다. 무엇보다 제약강국의 첫 번째 조건인 블록버스터 확보를 위한 효과적인 지원책이 전혀 보이지 않는다. 블록버스터가 될 수 있는 잠재력을 갖춘 혁신신약 1개를 개발하는 데 10여 년에 걸쳐 조 단위 천문학적인 비용이 들어간다. 이를 감당할 수 있는 시간과 돈을 모두 확보하고 있는 국내 바이오기업은 현재 찾아볼 수 없다.

될성부른 임상3상 선정,
집중 지원하는 게 최선책
—

사진: 게티이미지뱅크

특히 혁신신약을 개발하는 데 필요한 조 단위 비용 가운데 90% 이상은 임상3상 과정에서 쓰이게 된다는 점을 주목해야 한다. 이 막대한 자금을 감당할 수 없어 K-바이오는 오로지 기술수출에 목을 매는 악순환의 고리에서 벗어나지 못하고 있다. 글로벌 임상3상 포기, 기술수출이라는 신약 개발 패턴을 깨지 못하고서는 K-바이오는 혁신신약을 자력으로 결코 개발할 수 없다. 블록버스터는 물론이고 제약강국은 언감생심이다.

이 구도에서 벗어나 글로벌 임상3상까지 자체적으로 수행하는 K-바이오들이 속속 등장해야 그나마 블록버스터를 확보할 가능성이 생기는 것이다. 정부가 바이오 연구개발(R&D) 지원 정책을 임상3상에 집중해야 하는 당위성이 여기에 있다. 임상2상에서 나온 약효와 시장성 등을 기반으로 될성부른 소수의 신약만을 선정, 정책자금을 몰아주는 전략이 절실한 시점이다.

그나마 2023년 정부의 보건의료 R&D 지원 예산은 모두 모아봐야 1조 5,000억 원 정도에 불과하다. 정부의 전체 바이오 지원 예산 규모가 고작 글로벌 혁신신약 1개를 개발하는 데 들어가는 비용과 비슷한 셈이다. 상황이 이런데 지금처럼 전임상, 임상1상 중심으로 되도록 많은 바이오기업들에 지원 자금을 쪼개 나눠줘서는 블록버스터의 꿈은 계속해서 꿈으로 남을 뿐이다.

요컨대 블록버스터 확보 없는 제약강국은 불가능하며, 블록버스터는 글로벌 임상3상을 자체 수행해야 쟁취할 수 있는 목표인 것이다. 윤석열 정부만큼은 정곡을 찌르는 정책 하나 없이 제약강국 도약을 구호로만 외치며 5년 허송세월을 보낸 문재인 정부의 전철을 부디 피해갔으면 한다.

임상 조작과
K바이오 불신

K바이오에 대한 투자 신뢰도는 2022년에도 별다른 반등 없이 여전히 바닥을 헤매고 있다. 실적이 뛰어나거나 확실한 턴어라운드 예상 기업을 제외하고는 바이오기업들에 대한 투자자들의 외면을 피할 수 없는 상황이다. 특히 업의 속성상 장기간 적자 지속이 예상되는 바이오벤처들은 당분간 '찬밥' 신세를 면하기 어려울 것으로 보인다. 하지만 얼마 전까지도 뜨겁게 달아올랐던 바이오 섹터에 대한 투자자들의 관심을 차갑게 식게 만들고 있는 '주범'은 따로 있다는 판단이다.

잦은 임상 결과 조작…
바이오 신뢰 먹칠하는 주범
—

최근 십수 년간 K바이오는 신약 개발, 기업 숫자나 규모 등 외형적인 측면에서는 급성장세를 보였지만 투자자들의 신뢰도는 오히려 하향세를 벗어나지 못했다. K바이오 신뢰도를 무너뜨리는 배경의 한복판에는 무엇보다 갈수록 빈발하는 '임상시험 왜곡 및 날조'가 자리한다는 게 업계의 지적이다. 바이오벤처들의 알파요 오메가인 신약 개발의 성패를 가늠할 수 있는 키가 임상시험이다. 특히 임상시험은 바이오벤처들의 몸값은 물론 생존 가능성을 가장 객관적으로 평가할 수 있는 주요 잣대로 작용한다.

대부분 국내 바이오벤처는 열악한 자금력과 파이프라인 등 제약으로 인해 기껏해야 1~2개 정도의 소수 신약 개발에 회사의 사활을 걸고 있는 게 현실이다. 요컨대 진행하고 있는 신약 개발을 위한 임상시험 결과가 실패로 판명이 날 경우 상당수 국내 바이오벤처는 회사의 존립마저 기약할 수 없는 절체절명의 위기를 피할 수 없게 되는 구조다. 국내 바이오벤처들이 성공 가능성이 희박한 것으로 결론이 난 임상시험을 성공적이었다고 왜곡하거나, 일부 결과는 대성공이었다고 사실을 조작하려는 유혹을 이겨내지 못하고 있는 결정적인 배경이기도 하다.

임상시험 결과를 호도하거나 아전인수식으로 조작하는 바이오벤처들이 갈수록 넘쳐나다 보니 전체 K바이오업계에 대한 신뢰도는 추락 일로에서 벗어나지 못하는 악순환이 반복되고 있는 모양새다. 흔들리는 K바이오에 대한 신뢰는 최근 세계적 경기불황으로 인한 자금시장 위축 추세와 맞물려 시장 참여자들의 바이오 대거 이탈이란 위기 상황을 불러오고 있는 것이다.

임상 왜곡 기업 철저한 처벌,
바이오 신뢰 회복 지름길
　—

신약 개발을 둘러싼 제약사 간 경쟁이 치열해지면서 확산되고 있는 임상시험 결과 조작 문제는 세계 바이오산업의 메카로 불리는 미국에서조차도 심각한 이슈로 떠오르고 있다. 아룬 G. 라오(Arun G. Rao) 미 법무부 부차관보는 "바이든 대통령 임기에서 미국 법무부는 임상시험 조작에 대한 엄격한 사법적 처벌을 최우선 집행 사안으로 삼게 될 것"이라고 관련 업계에 강하게 경고하고 나섰을 정도다.

임상시험 왜곡이나 조작은 한순간의 위기는 모면할 수 있을지언정 길게 보면 결국 꼬리가 밟히게 되는 중대 범죄다. 특히 자의적인 임상시험 해석은 임상 연구자나 제약·바이오 기업 및 업계, 환자, 투자자 모두에게 심각한 피해를 가져다준다는 점에서 반드시 근절해야 할 악습으로 손꼽힌다. K바이오업계에 객관적이고 정확한 임상시험 결과를 담보하는 것이 어떠한 위기와 유혹 속에서도 반드시 지켜내야 할 생존을 위한 제1 철칙으로 하루빨리 자리잡길 기대한다.

바이오 교각살우
(矯角殺牛)

까다로운 회계기준으로 신약 개발에 차질을 빚고 있다고 하소연하는 바이오벤처들이 늘고 있다. 특히 바이오 투자 빙하기가 도래하면서 돈줄이 마르자 코스닥에 상장돼 있거나 상장을 준비하는 바이오기업들의 불만이 커지고 있는 형국이다.

임상3상 개시해야 연구개발비 자산화 가능
신약 개발 집중할수록 관리종목 전락하는 회계기준
—

바이오기업들이 지목하고 있는 엄격한 회계기준은 금융감독위원회와 금융감독원 등이 주축이 돼 마련한 '제약·바이오기업의 연구개발비 회계처리 관련 감독 지침'이다. 이 지침은 바이오기업들이 신약 개발을 위해 쏟아붓는 연구개발비를 임상3상 개시 승인 전까지는 모두 비용으로 회계처리하도록 규정했다. 임상3상을 시작한 이후에야 연구개발비를 비용이 아닌 자산으로 간주할 수 있도록 정했다. 이와 별도로 특허가 만료된 바이오의약품에 대한 복제약인 바이오시밀러는 임상1상 개시 승인 전까지만 비용으로 분류하고 이후에는 자산으로 계산할 수 있게 했다.

신약 하나 개발하는 데 조 단위의 천문학적인 연구개발비가 들어가는 것을 감안하면 바이오벤처들은 신약 상용화나 기술수출에 성공하기 전까지는 적자의 늪에서 벗어나지 못하는 사업구조다. 임상3상 전까지 연구개발비를 모두 비용으로 처리하다 보니 영업적자가 수년간 누적되면서 관리종목으로 지정되거나 심하게는 상장이 폐지되는 리스크를 피할 수 없다는 게 바이오벤처들의 불만이다. 요컨대 현행 바이오 회계기준을 적용하게 되면 신약 개발에 집중하는 바이오기업일수록 적자폭이 커지면서 상장이 폐지될 확률이 높아지는 셈이다.

코스닥 상장 바이오기업은 법인세 차감 전 사업손실이 자기자본의 50%를 초과하고 10억 원 이상의 적자가 최근 3년간 2회 이상 발생하면 관리종목으로 지정된다. 여기에 4년 연속으로 영업손실이 발생해도 관리종목으로 지정된다. 관리종목으로 지정되고 또다시 영업손실을 기록하면 아예 상장이 폐지된다.

규정이 이렇다 보니 관리종목 지정을 피하고자 티슈나 화장품, 건강기능식품 등 신약 개발과 무관한 사업에 뛰어들어 매출과 이익을 올리려는 바이오기업들이 속출하고 있는 게 현실이다.

신약 개발 자산화 기준 완화해야
연구 의욕 살아나

바이오기업 투자자들을 보호하기 위해 정부가 마련한 장치라지만 정작 바이오기업들의 신약 개발 의지를 꺾는 부작용을 낳고 있어 보완이 시급하다는 지적이다. 실제 관리종목이나 상장폐지 리스크를 최소화하기 위해 일부러 신약 개발을 등한시하거나 속도조절에 나서는 바이오기업들도 상당수다. 바이오업계는 연구개발비를 자산화할 수 있는 기준을 대폭 완화해주면 신약 개발도 더욱 활성화될 수 있다고 입을 모은다.

신약 임상2상을 진행하고 있는 한 바이오업체 대표는 "대규모 제약회사와 같이 상업화된 제품으로 수익이 발생하고 있는 경우 연구개발비를 비용으로 처리하더라도 부담이 작지만 바이오벤처에게는 현행 회계기준이 너무 가혹하다"면서 "상장요건을 유지하지 못해 관리종목으로 편입될 경우 대규모 주가 하락을 피할 수 없고 추후 자금조달에도 어려움이 있다"고 호소한다.

일각에서는 임상시험 결과를 자의적으로 해석해 투자자들을 현혹하는 바이오벤처들이 여전한 현실을 감안하면 엄격한 회계기준이 아직은 필요하다고 지적한다. 그럼에도 바이오벤처들에 적용되고 있는 현행 회계 규정은 신약강국으로의 도약을 가로막고 있는 결정적 장애물로 작용하고 있어 대대적인 개선이 시급하다는 판단이다. 쇠뿔을 바로잡으려다 소를 죽일 수는 없지 않은가(矯角殺牛).

바이오 대폭락장의 주범들

사진: 게티이미지뱅크

베어마켓(하락장)에서 직격탄을 맞는 대표적 섹터로 바이오가 꼽힌다. 실제 지난 2022을 돌이켜보더라도 하락장세에서 삼성바이오로직스, 셀트리온, 유한양행, 한미약품 등 국내 대표 제약·바이오기업 16개사로 구성된 코스피200헬스케어지수는 사실상 반토막이 났다.

당시 그나마 이 지수에 포함된 K바이오 대표기업들은 다른 바이오기업들과 비교한다면 선방했다. 신약 연구개발에 매진하느라 변변한 매출 없이 만성 적자에서 벗어나지 못하는 바이오벤처들은 주가가 연중 최고가 대비 대부분 3분의 1 토막 났다. 5분의 1까지 떨어진 기업도 상당수다. 바이오벤처기업인들은 떨어진 주가로 인해 잦아진 투자자들의 클레임 때문에 본업보다 주가 관리에 골머리를 앓았다.

신약 쪼개기 상장,
코로나19 치료제·백신 개발 악용 주가 띄우기
—

그렇다면 당시 폭락장에서 유독 바이오벤처들의 주가가 다른 섹터 기업들보다 무섭게 꼬꾸라진 데는 무슨 특별한 원인이 있을까.

업계 안팎에서는 당시 베어마켓에서 바이오벤처들이 참패를 하게 된 것은 그간 시장에서 '신뢰'를 제대로 확보하지 못했기 때문이라는 자성의 목소리가 나온다. 투자자들로부터 확고한 믿음을 얻지 못한 바이오벤처들이 상당수이다 보니 폭락장에서 가장 먼저 투자자들로부터 손절의 대상이 됐다는 것.

물론 바이오벤처들은 사업 특성상 신약을 상용화하거나, 기술수출로 가시적 성과를 거두려면 10년 안팎의 긴 세월이 소요되는 불리한 사업 환경이어서 투심을 잡기에는 근원적 한계가 있다. 요컨대 신약 파이프라인이라는 잠재력 있는 자산만 가지고 있지, 아직 매출과 이익을 실현하지 못하는 바이오벤처들로서는 투자자 신뢰를 얻기가 절대적으로 불리한 처지라는 얘기다.

그럼에도 평소 바이오벤처들이 투자자의 신뢰를 스스로 저버리며 자업자득한 측면도 상당 부분 이번 바이오 섹터 주가 폭락에 영향을 미쳤다는 지적이다. 실제 임상시험 결과에 대한 조작 및 허위 정보로 주가를 띄우거나, 특별한 이유 없이 유상증자 등을 통해 대주주만 배를 불리는 벤처들이 속출, 바이오에 대한 투자자들의 신뢰는 바닥으로 곤두박질친 지 오래다.

바이오 투자 신뢰를 무너뜨린 대표적인 케이스로는 유망한 신약 파이프라인을 쪼개 물적분할해 상장하는 경우와 코로나19 치료제·백신 개발을 주가 띄우기에 수시로 악용해온 바이오벤처들을 들 수 있다. 특히 신약 파이프라인을 쪼개 별도 회사를 세우는 것은 차별적 사업 모델을 기반으로 물적분할을 하는 다른 산업과 본질적으로 구분해야 하는 사안이어서 투자자들로부터 강한 비판을 받아왔다. 무엇보다 신약 파이프라인은 쪼개기보다 한 울타리 안에서 연구개발을 함께해야 시너지를 극대화할 수 있어 물적분할은 투자자 피해를 제물 삼아 대주주 곳간만 채우는 전형적 수법이라는 지적이다.

여기에 당시 코로나19 치료제·백신 개발 소재를 빌미로 상당수 바이오벤처들이 주가 띄우기에만 혈안이었던 작태도 투자자들이 업계 전반에 대한 신뢰를 거둬들이게 만든 결정적 원인을 제공했다. 다행히 뒤늦게나마 정부가 코로나19 치료제·백신 개발을 하겠다며 혈세를 받아간 바이오 기업들을 대상으로 제대로 연구개발을 실행했는지 철저히 점검, 개발 시늉만 내고 주가조작만 일삼은 곳들을 적발, 환수 조치를 진행중이어서 주목된다.

K바이오가 미래 한국 경제의 성장을 견인하는 선봉장이 될 것이라는 점은 분명해 보인다. 그러기 위해서는 글로벌 수준의 신약 개발 경쟁력을 확보하는 것도 중요하지만, 탄탄한 '시장의 신뢰'를 얻는 것이 선행되어야 한다. 만시지탄이지만 이번 바이오 폭락장 경험에서 K바이오가 각인해야 할 교훈이 아닌가 싶다.

국내 의약품 숨통 쥔
중국과 일본

현재진행형인 우크라이나-러시아 전쟁, 요소수 사태, 코로나19로 인한 중국 상하이 봉쇄… 글로벌 공급망이 언제든지 무너질 수 있다는 것을 극명하게 보여준 대표적인 사례. 특히 중국, 러시아, 미국, 일본 등 주요 강대국들이 자국의 필요에 따라 자원을 무기화하는 국가전략을 강화하는 추세여서 글로벌 공급망은 갈수록 취약해지는 형국이다.

원료의약품 부족하면
완제의약품 생산 못 해 국민 생명 위험
—

글로벌 공급망이 무너지면 국민의 생존이 위협받는 첫 번째 품목이 식량이라는 것은 모두가 주지하는 현실이다. 하지만 식량 못지않게 제때 글로벌 공급망이 작동하지 않으면 국민의 건강과 생명이 곧바로 위태로워지는 품목이 '원료의약품'이다. 그럼에도 우리 사회는 여전히 이를 제대로 직시하지 못하고 있는 게 현실이다. 원료의약품 공급이 중단되면 우리의 생명과 건강을 지켜줄 의약품 자체를 만들어낼 수가 없는데도 말이다.

실제 코로나19 팬데믹은 원료의약품의 글로벌 공급망까지 뒤흔들면서 세계 1위 제약산업을 확보하고 있는 미국조차 제약주권이 위협받기도 했다. 세계 원료의약품 공급 국가로 자리매김한 중국, 인도 등에서 생산 공장이 대거 문을 닫는 것은 물론 자국 내 우선 사용을 위해 수출을 제한하면서 원료의약품을 공급받기가 어려워진 게 배경이다.

뒤늦게 원활한 원료의약품 공급망을 확보해야 국민 생명과 건강을 지켜낼 수 있다는 것을 간파한 미국 바이든 정부는 2021년 2월 행정명령을 발효, 원료의약품 등 공중보건공급망 구축에 발벗고 나선 상황이다. 미국은 보건인적자원부(HHS)를 통해 민관 컨소시엄을 설립하고 식품의약국(FDA)의 필수의약품 목록에서 50~100개의 주요 의약품을 선별해 공급 노력을 집중키로 했다. 미국 정부는 의료 제품 공급망 및 비축량을 강화하기 위해 총 120억 달러(약 15조 원) 규모의 예산을 투입키로 했다. 원료의약품 제조 시설의 약 73%를 국외에 두고 있는 미국이 원료의약품의 해외의존도를 낮추고자 선제적 조치를 취한 것이다.

한국, 원료의약품 국산화율 27% 불과
보건안보 위태
—

제약강국 도약을 노리고 있는 한국이지만 미국 제약산업에 비해 아직은 한참 뒤떨어지는 상황에서 글로벌 원료의약품 공급망이 무너지게 되면 미국과는 비교가 되지 않을 정도로 심대한 타격을 입을 것이라는 것은 자명하다. 특히 한국은 최근 5년간 원료의약품 자급률이 27.5%(식약처 기준)에 불과할 정도로 해외 수입의존도가 지나치게 높아 우려를 낳고 있다. 더욱이 우리와 사이가 그다지 좋지 않은 중국(37.5%), 일본(11.7%) 두 나라에 전체 수입 원료의약품의 절반 가까이를 의존하고 있다. 이들 국가가 원료의약품의 무기화에 나선다면 언제든지 우리 국민의 건강과 생명은 커다란 위험에 처해지게 되는 형국이다.

원료의약품의 국산화가 부진한 데는 높은 인건비와 내수시장 규모의 한계가 작용하고 있다. 여기에 원료의약품은 완제품에 비해 마진이 상대적으로 낮아 메이저 기업들이 주력사업으로 키우기에는 한계가 있다. 실제 국내 원료의약품 제조 및 수입이 가능한 143개 회사의 업체당 평균 생산액은 2억 3,000만 원에 불과할 정도로 영세한 수준이다.

원료의약품 국산화의 중요성을 제대로 각인하지 못한 정부의 지원도 미적지근하다. '자사에서 원료를 직접 생산한 경우', 그 원료를 사용한 완제의약품에 대해 보험약가를 우대하는 게 고작이다. 그나마 정책 우대 대상을 '자사(자회사)'에서 합성한 원료로 한정해 실효성이 없는데다 가산 기간도 1년에 불과해 기업들에게는 별다른 도움이 되지 못하고 있는 실정이다.

업계는 약가 우대 기간을 5년으로 늘리고, 자사 생산 여부를 떠나 국산 원료의약품을 사용한 완제품의 경우 보험약가를 우대하는 정책을 펴야 원료의약품산업의 활성화가 이뤄질 수 있다고 항변한다.

갈수록 취약해지는 글로벌 공급망과 강대국들의 자원 전략무기화는 피할 수 없는 시대적 흐름이다. 원료의약품 국산화 또한 국가와 국민의 생존 차원에서 선택이 아닌 필수조건이 되고 있다. 더욱이 이미 자원의 무기화를 내세우며 한국을 수시로 핍박하고 있는 중국, 일본으로부터 원료의약품 절반을 수입하는 처지는 '호랑이 목에 머리를 넣고 있는' 것과 다를 게 없어 보인다.

바이오에서 대기업이 죽 쑤는 까닭

"바이오가 마침내 대기업들의 핵심 미래성장동력으로 당당하게 자리매 김했다."

지난 2022년 삼성, 현대차, SK, LG, 롯데 등 10대 그룹을 중심으로 재계 가 발표하는 투자계획을 접한 바이오업계가 내린 대체적인 평가였다. 바 이오업체들은 재계에서 쏟아낸 바이오 투자 방침이 바야흐로 바이오가 한국 경제의 변방에서 한복판으로 진입하고 있다는 것을 상징한다고 판 단한 것이다.

그해 초 재계는 새 정부 출범에 맞춰 대대적인 투자계획을 경쟁적으로 발표했다. 10대 그룹은 향후 5년간 1,000조 원이 넘는 천문학적인 금액을 쏟아붓겠다고 선언했다. 삼성을 선두로 SK, LG, 롯데, 현대중공업 등은 바이오를 핵심 육성 사업으로 삼아 투자를 집중하겠다고 천명했다. 10대 그룹 가운데 절반 이상이 바이오를 전면에 내세우기는 사상 처음 있는 일 이다.

주요 대기업들이 바이오를 미래성장동력으로 키우겠다고 나서면서 최 근 급성장을 거듭하고 있는 K바이오는 대도약의 계기를 확보하게 됐다. 바이오 사업에 뛰어드는 대기업마다 기존 바이오기업들을 인수·합병하면서 성장동력을 키워나가겠다는 전략을 펼칠 전망이다. 합종연횡을 통한 국내 바이오산업의 퀀텀점프가 예고된다. 무엇보다 바이오산업은 신약 개발에 수조 원에 달하는 천문학적인 연구개발 자금이 들어가기에 자금력이 풍부한 대기업들의 참여는 K바이오의 성장에 지대한 기여를 하게 될 것이라는 게 업계의 판단이다.

단기 성과 당연시하는 대기업 문화, 바이오와 상극
—

재계의 바이오 투자에 대한 긍정적인 평가의 반대쪽에는 과거 제약·바이오산업에 진출했다가 실패한 대기업들의 전례를 반면교사로 삼아야 한다는 지적도 강하다. 한화, 롯데, 아모레퍼시픽, CJ 등이 의욕적으로 제약산업에 뛰어들었다가 장기간 적자를 견디지 못하고 사업에서 철수한 대표적 케이스다.

단기 성과를 중시하는 대기업의 기업문화가 바이오산업과는 궁합이 맞지 않는다는 우려가 나오는 배경이다. 실제 제대로 된 혁신신약 하나를 개발하려면 최소 10년 이상 조 단위의 누적적자를 참고 견뎌내야 하는데 짧은 기간 내 수익을 기대하는 대기업들은 이를 받아들이기 힘든 구조다.

요컨대 이번에 바이오를 미래성장동력으로 육성하겠다고 밝힌 대기업들 모두가 중도에 탈락하지 않고 마지막에 웃으려면 무엇보다 '뚝심'이 절대적으로 필요하다. 바이오 사업에서 단시간에 이익을 내겠다는 경영전략은 '필패'를 보장한다.

단기간 글로벌기업 도약
삼성바이오로직스가 해법
—

그러려면 기업 오너가 직접 바이오 사업을 챙겨야 한다. 1년마다 경영 성과를 평가받아 진퇴가 결정되는 전문경영인은 바이오 사업에서 10년 이상의 장기 적자를 감수해낼 권한도, 여지도 없다. 기업 오너가 손수 챙기면서 바이오 사업을 맡긴 수장에게는 장기 적자와 관계없이 일관되게 신약 개발에 매진할 수 있게 전권을 일임하는 것이 효과적인 성공책이다.

이런 맥락에서 세계 1위 의약품 위탁개발생산(CDMO)업체로 우뚝 선 삼성바이오로직스의 성공 사례는 주목할 필요가 있다. 김태한 삼성바이오로직스 전 대표는 회사 설립 초기부터 10년간 삼성의 최장기 수장으로 재직했다. 이 기간 외풍에 흔들리지 않고 일관되게 바이오 사업을 진두지휘하면서 글로벌 바이오기업으로 키워냈다. 그 배경에는 그룹 오너의 전폭적인 신임과 지원이 있었다.

제약강국 외치며
바이오 옥죄는 정부

"정부가 약속을 지켰다면 2020년부터 사업을 본격적으로 벌일 수 있었다. 차일피일 미루더니 이제와 다시 2023년까지 법 개정을 통해 이 산업을 육성하겠다고 한다. 가장 큰 사업 리스크는 바로 정부다."

인체 폐지방 재활용 기업들이 한목소리로 정부를 비판하고 있다. 이들은 정부 얘기만 철석같이 믿고 인체 폐지방을 재활용하는 사업에 뛰어들어 기술개발 및 설비투자를 단행했지만 여전히 폐기물관리법에 막혀 상업화를 이루지 못하고 있는 처지다.

정부, 인체 폐지방 재활용 허용 약속 수년째 어겨
업체들 진퇴양난

—

정부가 기업들에 '허황된' 약속을 한 시기는 2020년 1월로 거슬러 올라간다. 당시 보건복지부, 식품의약품안전처(식약처), 환경부 등이 주축이 돼 관계 부처 합동 회의를 열고 '4대 분야 15개 바이오헬스 핵심 규제 개선 방안'을 발표했다. 이 개선 방안 가운데 핵심이 '인체 폐지방을 재활용한 의료기술 및 의약품 개발 허용' 건이었다.

2020년 1월 15일 보건복지부, 식약처, 환경부 등이 주축이 돼 관계 부처 합동 회의를 열고 발표한 '4대 분야 15개 바이오헬스 핵심 규제 개선 방안'의 일부 내용. 인체 폐지방의 산업적 재활용을 허용하겠다는 규제 개선 방안이 담겨 있다.

　　정부는 이때 인체 폐지방 재활용을 허용하겠다고 밝혔다. 구체적 시행 시기도 약속했다. 인체 폐지방을 재활용할 수 있도록 폐기물관리법 개정 안을 2020년 1분기까지 마련하고, 관련 법률 개정을 같은 해 하반기까지 마무리해 관련 산업을 육성하겠다고 선언했다. 정부 약속만 믿고 1년 넘 게 기다려온 관련 업체들은 또다시 2년을 더 기다리라는 정부의 입장 변 화에 더 이상 정부를 신뢰할 수 없다는 분위기다. 일부 업체는 인체 폐지 방의 재활용을 통해 관련 사업을 적극 육성하고 있는 미국 등으로 사업 을 옮기는 것도 검토하는 상황이다.

　　보다 못한 중소기업 옴부즈만은 그해 7월 환경부를 상대로 인체 폐지방 을 재활용 금지 대상에서 제외, 경제적·의학적으로 긍정적 효과를 창출 해야 한다고 건의했다. 이에 대해 환경부 역시 2023년까지 관련 법령을 개 정, 인체 폐지방을 산업화할 수 있도록 지원하겠다는 답변을 내놓았다.

미국 등 선진국, 인체 지방 활용,
필러 등으로 상업화
—

인체 폐지방에서 추출한 콜라겐은 인공피부 및 의약품으로 재활용할 수 있다. 세포외기질은 필러, 화상에 쓰는 창상 회복 연고 등을 만들 수 있다. 여기에 히알루론산, 지방줄기세포, 엘라스틴 등 재생의학 분야에도 활용이 가능하다. 특히 인체 폐지방에서 추출한 세포외기질은 g당 6,000만 원 안팎에 달할 정도로 최고급 의약재료로 쓰인다.

하지만 현행 폐기물관리법은 태반을 제외한 모든 의료 폐기물의 재활용을 금지하고 있다. 반면 미국은 일찌감치 인체 폐지방의 재활용을 전면 허용, 산업을 키워내고 있다. 인체 폐지방을 활용해 만든 성능 좋은 필러는 대중화된 지 오래다. 국내에서 매년 버려지는 인체 폐지방은 500톤(t)에 달하는 것으로 추산된다. 인체 폐지방은 주로 지방흡입술을 받는 환자에게서 발생하는데, 환자 1명당 3~10kg가량의 폐지방이 나온다.

복지부, 환경부 등 관련 부처가 인체 폐지방의 재활용에 소극적 자세를 취하고 있는 배경에는 인체 폐지방의 재활용 과정에서 불거질 수 있는 안전성과 윤리적 문제가 자리하고 있다. 업체들은 미국처럼 지방을 조직으로 규정, 조직은행에서 체계적으로 관리하면 이 문제들을 해결할 수 있다고 강조한다. 한국은 지방은 제외하고 뼈, 피부, 신경, 근막, 혈관, 심낭 등 11가지만을 조직으로 규정하고 있다.

당시 문재인 정부는 대외적으로는 '제약강국'을 목표로 제시하며 바이오산업을 전폭적으로 지원하겠다는 입장을 틈나는 대로 표명하곤 했다. 하지만 지금도 인체 폐지방의 재활용 같은 문제 하나를 두고도 수년째 해결하지 못하고 있는 정부를 보면 제약강국은 아직은 언감생심이라는 게 업계의 하소연이다.

거위 배 가르며
황금알 낳기

의약품은 국민 건강과 직결돼 있어 공공재적 성격이 강한 품목이다. 사정이 이렇다 보니 의약품은 다른 일반 제품과 달리 국가가 직접 개입, 판매가격을 거의 전적으로 결정하는 독특한 구조다. 국민의 의료비 부담을 최소화하려는 정부로서는 틈나는 대로 의약품 가격을 낮추려는 경향을 보인다. 여기에 약값이 낮아질수록 국민들도 대환영하는 상황이니 정부의 약가 인하 정책은 갈수록 강경해지는 추세다.

신약 가격 복제약보다 낮아
신약 개발 의지 꺾어

—

문제는 정부의 의약품 가격인하 정책이 과도했을 때 발생하는 폐해다. 정부가 책정한 의약품 가격이 지나치게 낮을 경우 정작 의약품을 연구개발한 제약사들은 적정 이윤을 남길 수가 없는 상황이 벌어지기 때문이다. 적절한 이익을 남겨야만 신약에 대한 연구개발에 매진할 수 있는 기업으로서는 진퇴양난에 몰릴 수밖에 없게 된다.

대표적인 사례가 신약 가격이다. 10여 년에 걸쳐 수백억 원에서 수천억 원을 들여 개발한 국산 신약이 정부의 저가 정책으로 적정한 수익을 내지 못하고 있는 현실이라는 게 업계의 하소연이다. 특히 정부가 주도하는 현행 약가 결정 프로세스는 신약의 가격을 심지어 복제약보다도 낮게 책정하게 만드는 주범이 되고 있다고 한탄한다.

실제 정부는 복제약을 포함해 신약을 대체할 수 있는 약제들의 시장가격을 가중평균한 가격의 90~100% 수준으로 신약 가격을 책정하고 있다. 요컨대 신약 가격을 원천적으로 복제약보다 높게 정하지 못하게 가로막고 있는 셈이다.

국내 신약 가격,
OECD 평균가 42% 수준으로 꼴찌

오랜 세월 어렵사리 일궈낸 신약이 제대로 대접을 받지 못하는 상황에서 제약사들의 신약 개발 의욕을 기대한다는 것은 언감생심이다. 아직도 신약 대신 복제약으로 연명하는 제약사들이 대다수를 차지하는 국내 제약업계의 현실이 그 결과물이다. 실제 25조 원 규모인 국내 의약품 시장을 두고 복제약으로만 사업을 영위하는 중소 제약사들만 300여 곳에 달한다.

한국제약바이오협회에 따르면 국내 신약 가격은 경제협력개발기구(OCED) 및 대만을 포함한 국가들의 42% 수준에 불과한 것으로 나타났다. 국내 제약사들이 신약을 개발하더라도 이들 국가의 제약사들보다 절반 이하의 '헐값'에 판매를 하고 있는 셈이다.

현 문재인 정부는 한국을 '제약강국'으로 도약시키겠다는 청사진을 출범 초기부터 기회 있을 때마다 국민들에게 제시하고 있다. 우리가 제약강국의 반열에 오르냐의 여부는 결국 글로벌 블록버스터 신약을 얼마나 많이 확보하느냐가 판가름한다. 그럼에도 제약사들이 천신만고 끝에 개발한 신약에 대한 '푸대접'이 갈수록 심해지고 있는 현실은 정부의 진정성을 다시 생각하게 한다. 심지어 한 메이저 제약사는 얼마 전 신약을 개발하고도 낮은 약가로 채산성이 맞지 않아 허가를 자진 취하하기도 했다.

국가의 의료 재정 부담을 감안하면 정부의 약가 인하 정책은 충분한 타당성과 명분을 확보하고 있다. 하지만 산업적인 측면을 간과한 일방적이고 과도한 약가 정책은 결국 '황금알을 낳는 거위의 배를 가르는 것'과 다름 아니다. 복제약에 대한 더욱 과감한 가격인하로 확보한 재원을 활용, 신약에 대한 적정한 보상이 이뤄질 수 있도록 하는 약가 정책의 혁신적인 변화가 시급하다.

고공 행진 신풍제약
주가가 준 교훈

몇 해 전 중소제약사 신풍제약이 투자자들뿐 아니라 제약·바이오업계의 주목을 한 몸에 받은 적이 있다. 코로나19 치료제 개발 호재를 등에 업었기 때문이었다. 하지만 얼마 지나서 진행해오던 코로나19 치료제 피라맥스에 대한 국내 임상2상 결과가 기대한 만큼 나오지 않으면서 문제가 불거졌다. 임상2상 시험의 유효성을 분석해보니 주평가지표에서 피라맥스 투약군과 대조군 간 별반 차이가 없는 것으로 드러났던 것이다.

코로나19 치료제 개발 호재로
1년 만에 주가 43배 폭등 사례
—

신풍제약은 지난 2020년 코로나19 치료제 개발이라는 소재를 발판으로 주가가 급등, '바이오 투자 거품'의 대명사로 자리매김하면서 세간의 관심이 집중됐다. 2019년 4,940원에 불과하던 이 회사 주가는 코로나19 치료제 개발이라는 호재를 타고 1년 만인 2020년 9월, 4330% 폭등한 21만 4,000원까지 고공 행진을 거듭했다.

이 회사는 임상시험 과정에서 피라맥스가 코로나19 치료제로 상용화

가능성이 높다는 것을 대외적으로 기회 있을 때마다 강조해왔다. 그러다 임상시험에 실패했다는 게 알려지자 주가도 직격탄을 맞았다. 임상 결과가 나온 다음날인 6일 하한가로 폭락하며 시가총액이 1조 5,000억 원가량 쪼그라들었다. 당시 실패한 임상결과에 대해 신풍제약이 실망하는 세간의 판단과는 대조적인 반응을 보인 것도 관심거리였다. 신풍제약은 그때 자사 홈페이지에 "국내 2상에서 피라맥스 바이러스 억제 효과에 대한 근거와 전반적인 임상 지표의 개선 가능성을 확인했다"면서 "이번 국내 2상 임상시험 결과를 바탕으로 국내 후속 임상의 식품의약품안전처(식약처) 임상시험계획서(IND) 승인 신청을 7월 초에 완료하고, 대규모 임상으로 확장할 예정이다"는 입장을 게재했다.

바이오주 '묻지마 투자', 2천년 초 IT 버블 데자뷰

———

당시 연 매출 1,978억 원, 영업이익 78억 원을 기록한 신풍제약은 전형적인 중소 제약사로 분류된다. 하지만 시장에서 평가받는 회사 몸값 측면에서는 전통의 메이저 제약사들을 훌쩍 뛰어넘으면서 이상기류를 탔다. 당시 임상2상 시험 실패로 기업가치가 크게 감소했음에도 시가총액은 3조 원을 넘어섰다. 제약업계 매출 1조 클럽에 가입한 대웅제약, 종근당 등 전통 강호들보다 여전히 2배가량 높은 기업가치를 유지하고 있었다.

주가가 실제 기업가치에 비해 고평가 혹은 저평가돼 있는지 여부를 나타내는 대표적 지표인 주가수익비율(PER)도 당시 신풍제약은 750배를 웃돌았다. 신풍제약의 높은 주식 가격을 두고 일각에서 '비이성적인'이라는 평가와 함께 '묻지마 투자'의 전형이라는 꼬리표를 붙인 배경이다.

개인투자자 몰리는 바이오,
신약 개발 위험 숙지해야
—

국내 제약·바이오산업이 급성장을 거듭하면서 투자자들 또한 대거 몰리고 있다. 국내에서 제약·바이오업체들에 투자하고 있는 개인투자자만 400만 명이 넘는 것으로 집계된다. 특히 코스닥 거래대금의 30%가량이 제약·바이오업체들에 집중돼 있을 정도로 바이오 투자가 열풍이다.

다른 어느 산업보다 제약·바이오 분야의 성장 속도가 가파르고 미래 잠재력이 뛰어나다는 점을 감안하면 제약·바이오산업에 투자자금이 몰리는 것은 고무적인 현상이다. 다만 이 업종의 투자에 있어 실패하지 않고 수익을 거두려면 제약산업을 관통하는 본질적인 특성을 꿰뚫고 간과하지 않아야 한다.

무엇보다 제약사마다 글로벌 블록버스터 신약을 자신하며 치료제 개발에 나서고 있는 모양새지만 결국은 거의 대부분 실패로 끝난다는 업의 본질을 숙지해야 한다. 실제 1만 개의 신약후보물질 가운데 단 1개만 상업화 단계까지 도달한다. 요컨대 신약 개발 확률은 1만분의 1에 불과하다. 여기에 이 지난한 과정을 통과하더라도 정작 시장에서 블록버스터로 등극, 대박을 터트릴 확률 또한 극히 희박하다는 점을 잊어서는 안 된다. 그럼에도 대다수 제약사는 이구동성으로 "우리가 개발하는 신약은 다른 어느 신약보다 상업화 가능성이 높고, 약효는 경쟁 약들에 비해 비교가 되지 않을 정도로 탁월하다"고 강조하는 게 현실이다.

회사 경영 우습게 아는 바이오 창업자들

"아무리 뛰어난 신약 연구개발 전문가라고 하더라도 신약 개발과 회사 경영은 별개의 문제다. 이 두 가지를 제대로 구분하지 못하다 보니 신약 개발 경력의 바이오벤처 창업자 대부분이 최고경영자(CEO)로 전면에 나서면서 상당 회사가 중도에서 큰 난관에 부딪히는 것을 피할 수 없게 된다."

최근 만난 국내 대표적 바이오업체 창업자 겸 CEO는 국내 바이오기업들이 글로벌 경쟁력을 갖추지 못하고 있는 결정적인 원인 가운데 하나가 아이러니컬하게도 "창업자들 자신"이라고 평가했다. 연구개발에서 탁월한 성과를 내왔으니 당연히 회사 경영에서도 능력을 충분히 발휘할 수 있을 것으로 스스로를 높게 평가하는 바이오기업 창업자들이 국내 바이오산업의 도약을 가로막는 걸림돌이라는 게 그의 분석이다.

물론 회사를 창업한 자가 직접 대표를 맡아 책임지고 그 기업을 키워보겠다고 도전하는 것은 지극히 당연한 일이다. 더욱이 바이오기업을 창업한 신약 전문가들 중에서도 뛰어난 경영 능력까지 겸비한 자들도 많다. 하지만 바이오기업 창업자가 경영자적 자질이 부족할 경우 얘기는 달라진다.

특히 바이오 업종은 특성상 대규모 연구 자금과 10여 년이라는 장기간의 연구개발 기간이 필요하다 보니 어느 업종보다 경영자의 뛰어난 자질과 수완이 요구된다. 그러다 보니 그의 평가대로 신약 개발 전문가로 바이오기업을 창업, 수준 이하의 경영자적 능력에도 CEO로 기업경영을 좌지우지하다가 회사를 궁지에 몰아넣는 경우가 속출하고 있는 게 현실이다.

회사 도약 가로막는 최대 걸림돌이
"창업자 자신"
—

군이 회사명을 언급하지는 않겠지만 한때 국내 바이오업계의 대명사로 불리다가 지금은 몰락의 길을 걷고 있는 여러 바이오기업들도 예외 없이 부족한 경영 자질을 갖춘 연구개발 경력의 창업자가 CEO를 맡아 회사 경영을 전담했다. 이들 몰락하는 기업은 경영이 미숙하고 시행착오를 끊임없이 겪고 있다는 공통점을 갖는다. 회사 경영을 한 경험이 전혀 없는 연구 전문가가 회사를 창업해 최고경영자로 경영 전반을 관장하다 보니 불가피하게 벌어지고 있는 결과물이다.

글로벌 제약강국 도약을 목표로 하는 시점에서 이제는 바이오기업 창업자=CEO라는 공식은 내던질 때가 되지 않았나 싶다. 신약 개발 전문가로서 바이오기업을 창업하면 CEO 대신 연구소장이나 최고기술책임자(CTO) 등의 중책을 맡아 끝까지 전문성을 살리는 게 회사를 위해서나 본인을 위해서나 바람직하다. CEO는 다양한 회사를 성공적으로 경영해본 경력의 소유자를 영입하는 게 회사 성장에 유리하다. 그것이 바이오벤처의 한계를 극복하고 경영 리스크를 최소화하는 지름길이기도 하다.

대규모 자금,
장기 사업 업종 CEO 전문성이 성패 좌우
—

바이오산업의 글로벌 절대강자인 미국의 바이오기업들은 우리와는 달리 철저하게 전문성을 기반으로 하는 인사 전략을 펴면서 회사를 키워내는 것이 일반화되어 있다. 특히 연구개발 경력을 갖춘 창업자가 CEO를 맡는 경우는 국내와는 정반대로 찾아보기 힘들 정도로 전문성을 중시한다.

연구개발 전문가 출신의 창업자는 회사 경영 전면에 나서는 대신 연구개발 총괄직을 수행하며 신약 개발에 매진하는 경우가 대부분이다. 회사 경영은 검증된 전문경영인을 영입해 전권을 위임하는 게 관례가 돼 있다. 미국 바이오벤처들이 회사 경영을 예측 가능하게 만드는 한편 시행착오도 최소화하면서 글로벌기업으로 도약할 수 있는 배경으로 손꼽는다.

코로나19 백신 개발로 글로벌 제약업계의 주목을 한 몸에 받았던 모더나가 대표적인 케이스다. 지난 2011년 당시 모더나 최고경영자(CEO)로 외부에서 영입된 스테판 방셀은 경영대학원(MBA) 출신으로 제약의 연구개발 경험은 전무한 경영인이다. 다국적제약사 일라이릴리 영업임원과 다국적 바이오텍업체인 바이오메리우스 CEO를 거친 인물이다. 바이오 연구개발을 전문으로 하는 모더나 창업자들은 경영 전면에 전혀 나서지 않는다.

"손에 무언가를 꽉 움켜쥐고 있으면 더 큰 것을 쥘 수 없다. 손바닥을 펴고 가지고 있는 것을 버릴 때 비로소 더 큰 것을 움켜잡을 수 있는 법이다."

타이레놀이 드러낸
의약품 유통의 민낯

코로나19가 대유행하면서 대표적 해열진통제로 잘 알려진 '타이레놀'이 약국마다 품귀 현상을 빚은 적이 있다. 코로나19 백신 접종이 본격화하면서 접종을 전후해 타이레놀을 찾는 고객이 급증한 게 발단이 됐다.

상표명 처방 제도가 가져온
타이레놀 품귀 현상
—

당시 약국마다 타이레놀이 없어서 못 파는 상황이 지속되면서 보건당국은 물론 대한약사회, 대한의사협회 등 관련 단체들까지 모두 나서 "타이레놀 대신 비슷한 성분과 약효를 가진 해열진통제를 대신 구입해달라"고 대국민 설득 작업에 나서는 진풍경까지 벌어졌다. 더욱이 시중에서 타이레놀과 동일한 성분과 비슷한 약효를 지닌 제네릭 해열제만 70여 가지가 유통되고 있는 현실이기에 쉽사리 이해할 수 없는 현상으로 받아들여졌다.

타이레놀 품귀 현상은 당시 정은경 질병관리청장이 한 브리핑에서 "불편한 증상이 있으면 타이레놀과 같은 소염 효과가 없는 진통제를 복용하는 게 적절하다"고 권고한 게 발단이 됐다는 게 관련 업계의 판단이다. 하지만 정 질병청장의 발언은 기폭제 역할을 했을 뿐 사태의 근본적 원인은 현행 의약품 유통 체제에 있다는 게 중론이다.

약사회,
"국민 알권리 차원 성분명 처방 도입 필요"
—

현행 의약품 유통 시스템에서 가장 큰 문제점으로 지적되는 것은 '상표명 처방'이다. 병·의원에서 환자에게 의사가 상표로만 약을 처방하다 보니 정작 국민들은 의약품의 성분은 모르면서도 브랜드만 익숙해지게 됐다는 논리다.

그러다 보니 대부분 국민은 해열 효과가 있는 성분인 '아세트아미노펜'이라는 용어는 금시초문이지만 해열제인 타이레놀 브랜드에는 친숙하다. 약국에 간 환자가 약사에게 "아세트아미노펜'이 들어있는 해열제를 주세요"라는 말 대신 "타이레놀 주세요"라고 주문하는 모습이 일반화된 것이다.

타이레놀은 다국적제약사인 존슨앤드존슨에서 제조하는 해열진통제로 한국에서는 이 회사의 계열사인 한국얀센이 판매를 담당하고 있다. 당분간 코로나19 백신 접종 여파로 타이레놀 주문량은 폭주할 전망이어서 한국얀센은 그야말로 상표명 처방의 최대 수혜자로 자리매김할 전망이다.

그간 대한약사회를 중심으로 상품명 처방을 '성분명 처방'으로 바꿔야 한다는 주장이 끊임없이 제기돼왔다. 성분명 처방 제도가 도입되면 상품명 대신 성분명과 제조회사명으로 의약품 이름이 표기된다.

당시 김대업 대한약사회 회장은 "우리 국민들이 무슨 성분이 들어 있는

지도 모르고 먹는 유일한 것이 의약품이다"며 "복용하는 약의 주요 성분이 무엇인지를 국민들은 알권리가 있다"면서 성분명 처방의 필요성을 강력하게 주장하기도 했다.

의사협회,
"제네릭마다 약효, 성분 달라 상표명 처방해야"
—

하지만 성분명 처방은 의사 단체들의 집요한 반대에 번번히 도입이 무산됐다. 대한의사협회 등 의사 단체는 "제네릭들이 동일한 성분과 약효를 가지고 있다고 주장하지만 실제로는 들쭉날쭉하다"면서 "성분명 처방을 하게 되면 환자마다 가장 적합한 의약품을 복용할 수 없게 되는 좋지 않은 결과를 낳게 된다"는 논리를 내세우며 이 제도의 도입을 반대해왔다.

일각에서는 양 단체의 대립에는 의약품 유통의 주도권을 둘러싼 '파워게임'이 자리하는 것으로 보고 있다. 성분명 처방이 일반화되면 현재 의사들이 가지고 있는 의약품 선택권이 약사들에게 넘어갈 것이라는 판단에서다. 의약품 선택권을 확보하면 사실상 제약사의 의약품 매출을 좌지우지할 수 있어 제약사들의 주요 리베이트 대상이 될 정도로 막강한 영향력을 행사할 수 있다는 게 업계의 설명이다.

정부,
국민 건강 최우선 상표명 처방 개선책 마련해야
—

성분명 처방 제도에 대해서는 여전히 찬반 양론이 팽배하지만 타이레놀 품귀 사태는 상품명 처방의 한계와 문제점을 여실히 드러냈다. 무엇보다 그 사태는 정부가 성분명 처방 제도를 개선할 수 있는 대안을 서둘러 마련할 것을 요구하고 있지만 몇 년이 지난 지금까지도 개선책은 나오지 않고 있다. 이익단체들의 논리가 아닌 국민 건강을 최우선으로 제도개선을 추진한다면 해법을 찾는 것은 그리 어려운 일은 아닐 듯싶다.

'난수표' 바이오 사업 모델···
누굴 위한 것인가

"당신이 이해할 수 없는 비즈니스에는 결코 투자하지 마라(Never invest in a business you cannot understand)." 금세기 최고의 투자 대가로 첫손에 꼽히는 '오마하의 현인, 워런 버핏'이 강조하는 대표적 투자 비법이다.

'월가의 전설, 피터 린치'는 "당신이 크레파스로 그려낼 수 없는 (사업) 아이디어에는 절대 투자하지 마라(Never invest in an idea you can't illustrate with a crayon)"는 유명한 투자 원칙을 투자자들에게 조언했다.

이들 투자 대가가 공통적으로 제시한 투자 철학은 "누구나 이해할 수 있는 단순한 비즈니스모델을 가진 회사에만 투자를 집중하라"는 것으로 요약된다. 굳이 투자 대가의 입에서 나온 말이 아니더라도 누구나 수긍할 만한 당연한 조언이다. 어떤 사업을 벌이고 있는지도 제대로 알 수 없는 기업에 선뜻 뭉칫돈을 투자할 수는 없는 노릇이다.

바이오 대중화 가로막는
'난해한 전문용어' 집착증
—

지극히 상식적인 이들 투자 대가의 투자 원칙이 실제 투자 세계에서는 그다지 큰 영향을 미치지 못하고 있다는 것은 아이러니다. 이를 반증하는 대표적인 사례가 요즘 한창 이슈가 되고 있는 국내 바이오업체들에 대한 이른바 '묻지마' 투자 광풍이다.

투자자들이 대거 몰려 있는 바이오업체들 가운데 앞서 두 투자 대가가 제시한 투자 원칙을 만족시키는 경우를 찾아보기란 그야말로 '가뭄에 콩 나듯 하는' 수준이어서다. 그럼에도 전체 코스닥시장 거래대금의 무려 40% 안팎이 바이오기업들에 쏠려 있을 정도로 바이오 투자가 최절정이다.

국내 바이오업체들이 두 투자 대가의 원칙을 결과적으로 무시하게 된 배경에는 그들만이 이해할 수 있는 '난해한 전문용어의 남용'에 있다는 게 업계의 지적이다. 이 같은 현상은 바이오업체들이 외부에 소개하고 있는 각사의 사업 모델을 보면 여실히 드러난다. 극소수의 전문가들만이 겨우 이해할 수 있을 정도로 어려운 전문용어로 채워져 있다. 이런 현실에서 일반투자자들이 바이오기업들의 비즈니스모델을 제대로 파악하기란 쉽지 않다. 바이오기업 투자는 '모 아니면 도'라는 세간의 풍자가 나돌고 있는 배경이기도 하다.

'먹튀성' 바이오기업,
투자자 현혹 위해 전문용어 남발
—

여기에 상당수 '먹튀성' 바이오벤처들은 고의적으로 사업 모델을 어려운 전문용어로 포장해 투자자들을 현혹시키면서 바이오 투자판을 오염시키고 있는 게 현실이다. 잠재력을 지니고 제대로 된 사업 모델을 갖춘 바이오기업들도 '전문용어' 집착증에서는 예외가 아니다. 여전히 사업 모델을 소개할 때 어려운 전문용어를 많이 사용할수록 최첨단 바이오기업으로 평가받을 것이라는 착각을 품고 있는 바이오기업들이 대부분이다.

실제 얼마 전 인터뷰를 진행한 한 바이오기업 대표는 "독자들이 이해하기 쉽게 사업 모델을 설명해달라"는 기자의 부탁에 "사업 모델이 어려운 전문용어로 돼 있어 투자자들이 이해하기 어렵더라도 그대로 싣는 게 회사의 전문성이 더 돋보인다"면서 완곡하게 거절하는 경우도 있었다.

알기 쉬운 사업 모델 정착이
바이오 대중화 전제 조건
—

최근 바이오산업이 급성장을 거듭하면서 한국 경제의 미래를 짊어질 핵심 산업으로 탄탄하게 자리매김하는 형국이다. 제약·바이오기업에 대한 개인투자자 규모도 400만 명을 돌파할 정도로 세간의 관심사다.

하지만 워런 버핏과 피터 린치의 투자 기준으로 보면 여전히 국내 바이오업계는 불합격 수준을 벗어나지 못하고 있다. 그 분야 전문가들만이 이해할 수 있는 '그들만의 난해한 전문용어'로 구성된 비즈니스모델은 투자자들의 오해와 불신을 양산하는 주범이 되고 있다. 만시지탄이지만 일반인들도 이해하기 쉬운 용어로 사업 모델을 소개하는 문화가 바이오업계에 조속히 확산되었으면 하는 바람이다. 대중이 바이오업체들의 사업 모델을 제대로 이해할 수 있어야만 지속적인 대중의 지지와 응원을 받을 수 있다.

진화하는 '짝퉁' 바이오업체들 생존법

바이오업체들에 대한 투자 열기가 뜨거워지면서 덩달아 우려의 목소리도 커지고 있다. 특히 바이오 업종은 코스닥시장 전체 시가총액의 30% 안팎을 차지하는 대표적인 투자 업종으로 자리매김할 정도로 투자자들로부터 관심을 받고 있다. 여기에 주식시장 상장을 앞둔 벤처들에 주로 투자하는 벤처캐피털(VC) 업계에서도 전체 투자 금액의 30% 정도를 바이오 업종에 쏟아부으면서 '바이오 투자 전성시대'를 견인하고 있다.

바이오업체들에 투자자금이 대거 몰리는 현상이 지속되면서 '거품'을 우려하는 의견도 쏟아지고 있다. 우후죽순으로 생겨나고 있는 바이오벤처들을 대상으로 이제는 '옥석'을 철저하게 구분해야 하는 시점이라는 게 업계의 지적이다.

한 코스닥 상장 바이오업체 대표는 "바이오벤처들 중에서 진정성을 가지고 사업을 벌이고 있는 기업의 비율은 기껏해야 50%를 넘지 않을 것"이라면서 "최소한 둘 중 하나는 사업보다는 투자금 유치에 골몰하는 이른바 무늬만 바이오벤처인 상황"이라고 단언한다. "물 들어올 때 배 띄운다"는 속담처럼 투자자금이 바이오 업종에 집중되면서 그야말로 '짝퉁' 바이오벤처들이 대거 생겨나고 있다는 게 그의 설명이다.

'임상을 위한 임상'으로 연명
바이오업체들 즐비

—

하지만 제약·바이오업체들에서 옥석을 구분하기는 업종의 특성상 다른 어떤 산업보다도 어렵다는 게 업계의 하소연이다. 한 제약업체 대표는 "신약후보물질 발굴에서부터 임상을 거쳐 상용화에 도달하기까지 최소 10여 년이라는 긴 기간이 필요하다"면서 "이 기간 동안 짝퉁 바이오벤처라도 신약 개발에 집중하는 시늉을 계속하게 되면 외부에서는 제대로 파악하기가 사실상 불가능하다"고 귀띔했다. 여기에 무늬만 바이오벤처가 만약 중도에 임상시험에서 실패하더라도 이를 근거로 그 회사의 진정성을 판단하기에는 한계가 있다는 게 그의 설명이다.

실제 수십 년째 변변한 신약 하나 내놓지 못하고 임상만 무한정으로 진행하고 있는 바이오기업들이 즐비하지만 이들 회사의 진정성을 예단하기는 쉽지 않은 상황이다. 이들 기업은 공통적으로 개발 중인 신약에 대한 임상시험에서 결과가 예상과 다르게 나오면 끊임없이 적응증을 변경, 추가하면서 수명을 연장하는 전술을 구사한다. 그야말로 신약 개발을 목적으로 하기보다는 '임상시험을 위한 임상시험'에 주력하는 행태를 보인다는 게 업계의 판단이다.

짝퉁 바이오기업들의 위장 전술도 갈수록 진화하면서 옥석 구분하기가 더욱 힘들어지고 있다는 지적도 나온다. 예컨대 무늬만 바이오벤처 간 기술 양수도 계약이나 공동 신약 개발 계약을 맺어 투자자들의 판단을 흐리게 하는 경우가 대표적이다.

경영진 도덕성,
임상 단계별 결과 철저 분석해야
—

요컨대 바이오업체들 간에 확실하게 옥석을 구분하려면 결국 기나긴 세월이 지나봐야 알 수 있다는 게 업계의 평가다. 바이오기업들에 자금을 투입하는 투자자들로서는 스스로 옥석을 구분하는 안목을 키워야 투자 리스크를 최소화할 수 있다는 얘기다.

업계에서는 바이오업체들 가운데 진위를 가리려면 무엇보다 그 회사 경영진의 자질과 도덕성을 꼼꼼하게 살펴보는 것이 가장 중요하다고 강조한다. 외부에서 투자자로서 바이오회사의 진정성을 파악하기가 현실적으로 어려운 상황에서 그나마 '정보의 비대칭성'에서 발생하는 투자 위험을 최소화하는 방법은 그 회사의 오너십을 철저하게 분석해야 한다는 것.

여기에 임상 단계별로 그 결과를 스스로 면밀하게 분석하는 노력이 선행되어야 바이오기업들을 대상으로 하는 투자에서 살아남을 수 있다고 업계는 조언한다. 당초 의도했던 임상시험의 결과물이 예상과 다르게 나올 경우 일단 해당 회사의 해명과는 별도로 진행하던 신약 개발에는 적신호가 켜졌다고 봐야 한다는 것이 업계의 판단이다.

닷컴 버블과 코로나19 치료제 개발 열풍

"물 들어올 때 배 띄우자."

코로나19가 대유행하면서 국내 제약사들마다 너나없이 이 유행병의 치료제 및 백신 개발에 경쟁적으로 뛰어들던 적이 있었다.

코로나19 대유행 당시 코로나19 치료제 및 백신 개발을 선언한 국내 제약사들의 면면을 보면 메이저 제약사는 물론 중소 제약사, 바이오벤처 등 모두 20여 개사에 달했다. 가히 국내 제약업계에 코로나19 치료제 및 백신 개발 '광풍'이 불고 있는 형국이었다.

코로나19 치료제·백신
20여 업체 무더기 개발 선언
—

이 전염병 대유행이 지나고 개발 결과를 살펴보면 국내 제약사 가운데 셀트리온이 코로나19 항체치료제인 '렉키로나'를, SK바이오사이언스는 코로나19 백신인 '스카이코비원'을 각각 개발하는 데 성공, 그나마 업계의 체면을 세워주고 있는 모양새다.

코로나19처럼 전 세계적으로 광범위하게 장기간 대유행하는 전염병은

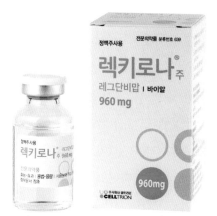

셀트리온의 코로나19 항체치료제, 렉키로나(사진: 셀트리온)

최근 찾아보기 힘든 케이스다. 하지만 코로나19가 인류에게 안겨주는 시련과 고통이 클수록 이를 치료, 예방하는 의약품에 대한 수요는 커지기 마련이다. 코로나19 치료제 및 백신의 세계 시장규모는 최소 수백조 원에 달할 것으로 업계는 추산한다. 실제 코로나19 백신 개발에 성공한 글로벌 제약사 화이자의 경우 이 백신으로만 연간 20조 원 안팎의 추가 매출을 거둘 것으로 예상된다.

업계, "코로나19 신약 개발 빌미, 주가 부양, 자금 확보 노려"

코로나19가 창출하고 있는 천문학적인 치료제 및 백신 시장규모를 감안하면 국내 제약사들이 경쟁적으로 이 분야 신약 개발에 나서는 것은 일견 당연한 결과다. 전례 없는 대유행병으로 국민의 생존이 위협받고 있는 상황이기에 치료제 및 백신 개발에 다수의 국내 제약사들이 나서는 것은 분명 고무적이고 독려할 만한 일이다.

문제는 이들 가운데 코로나19 치료제 및 백신을 개발할 역량과 진정성을 갖춘 업체들이 얼마나 있느냐이다. 업계에서는 이들 기업 가운데 상당수는 주가 부양이나 자금 확보를 위해 코로나19 치료제나 백신 개발이라는 소재를 교묘하게 악용했다고 비판한다. 실제 십수 년에 걸쳐 신약 개발을 진행해왔지만 아무런 성과가 없다가 이번 코로나19 사태를 맞아 코로나19 치료제로 주력 개발분야를 바꾼 기업들까지 상당수 등장했다.

업계에서는 무엇보다 코로나19 치료제 및 백신 개발에 뛰어든 기업들의 자금 역량을 보면 각 기업들의 진정성을 가늠할 수 있다고 조언한다. 코로나19 치료제 및 백신을 임상3상까지 마무리하고 상용화하기까지는 최소 1조 원 이상이 들어가는 것으로 추산된다. 이런 천문학적인 개발비를 부담할 수 있는 자금 동원력을 갖춘 제약사는 손가락으로 꼽을 정도라는 게 업계의 지적이다. 물론 중간에 기술이전이나 공동개발 등 우회적인 방법으로 자금난을 이겨내는 전략도 있을 수 있지만 이 또한 지난한 건 마찬가지다.

기술력, 자금 동원력이
성공 가능성, 진정성 판단 기준
—

과거 2000년 초 닷컴 버블 때는 주력사업과 관계없이 회사 이름에 닷컴을 붙이는 게 유행했던 적이 있다. 회사명에 닷컴이 들어가기만 하면 주가가 천정부지로 치솟다 보니 빚어진 결과다. 지금은 코로나19 치료제 및 백신 개발에 나서는 기업라면 시장은 성공 가능성은 묻지도 않고 일단 우호적인 평가를 내리는 분위기다. 정도의 차이는 있지만 과거 닷컴 버블을 연상시키는 대목이다.

코로나19 치료제 및 백신 개발을 하겠다고 나서는 시늉만 했던 국내 상당수 제약사들은 지금은 애써 아무런 일이 없었다는 듯이 모르쇠로 일관하고 있다. 코로나19 치료제 및 백신 개발을 하겠다는 기업만 믿고 투자했던 개미들은 어디에 하소연을 할 수 있을까.

5

사면초가에도
탈출구는 있다

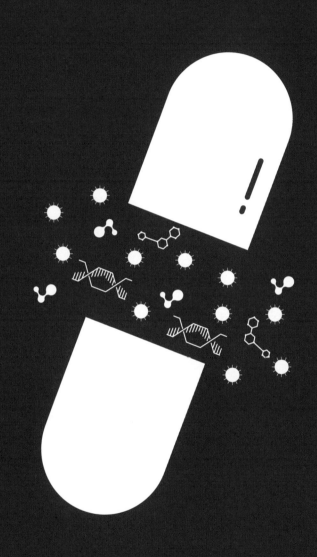

바이오 특허등록
빠른 게 능사 아냐

K바이오가 급성장을 거듭하면서 국제적으로 특허소송에 휘말리는 사례가 덩달아 크게 늘고 있어 주의가 요구된다. 국내 기업들이 애써 연구개발한 최첨단 신약은 물론 의료기기 등이 특허권을 제대로 확보하지 못해 글로벌기업들의 사냥감이 되는 경우도 빈발하고 있는 상황이다.

실제 특허청 자료를 보면 지난 2022년 미국에서 발생한 국내 기업의 특허분쟁은 모두 208건에 달했다. 주목할 만한 점은 이 가운데 71.6%에 달하는 149건은 국내 기업이 피소를 당한 경우라는 것이다. 특히 화학·바이

김순웅 특허법인 정진 대표 변리사(사진: 정진)

오 분야의 소송은 지난 2020년 5건에서 2022년 22건으로 급증세다.

장기간의 연구 성과인 신약, 의료기기 등이 특허권을 제때 확보하지 못하면 시장에서 꽃을 피우기도 전에 시들어버릴 뿐 아니라, 막대한 규모의 특허침해에 따른 보상금을 지불해야 한다.

특허권 확보 못지않게
상대 특허 인지, 존중해야

———

최근 이데일리는 국내 대표적 바이오 전문 특허법인 정진(正眞)의 김순웅 대표 변리사를 만나 K바이오가 특허권을 효과적으로 활용할 수 있는 방안에 대해 조언을 들어봤다.

특허법인 정진은 파트너 변리사, 구성원 변리사 및 전문 연구원 등 모두 42명의 전문가들로 구성되어 있다. 김 대표는 서울대 수의학과에서 학·석사학위를 받고, 동 대학 치의학 박사과정을 수료했다. 김 대표는 동물 분야, 치과 분야, 세포치료제, 유전자치료제 특허 분야에서 손꼽히는 전문가다.

바이오 분야에 특화된 특허법인 정진은 바이오 분야의 특허출원과 심판·소송에서부터, 발명을 산출하는 연구개발(R&D) 단계에서의 전략 개발에 대한 컨설팅, 바이오 분야 발명과 기술의 사업화에 대한 서비스를 주력으로 제공하고 있다.

"특허 경력을 막 시작할 무렵인 2000년 초반에는 다국적제약사들이 실행하는 에버그리닝 전략(Evergreening Strategy)을 무력화시키기 위한 방어 전략에 힘을 많이 썼다. 반면 요즘은 국내 기업들로부터 에버그리닝 전략

수립을 요청받고 있다. 20년 사이에 K바이오가 급성장했다는 것을 피부로 절감하고 있다."

김 대표는 "K바이오가 글로벌 경쟁력을 본격 확보해 치고 나가기 시작하고 있다"면서 그 근거로 "에버그리닝 전략을 세워나가는 국내 바이오기업들이 늘고 있다"고 소개했다. 에버그리닝 전략은 원천물질에 대한 특허권이 소멸하기 전에 이를 연장하기 위해 원천물질에 대한 염 형태나 제형을 변경한 개량 특허를 확보, 독점권 권리를 연장하는 전략이다. 당연히 이 전략을 수립, 실행하는 주체는 원천물질에 대한 개발자로 차별화된 연구개발 역량을 보유하고 있다.

경쟁 있으면 빨리,
없으면 최대한 늦게 출원해야
—

"대개 특허출원은 가급적 빨리해야 한다고 생각한다. 아마도 특허요건 중 '선출원주의'라는 것 때문일 것이다. 동일한 아이디어가 중복으로 특허청에 제출되어 있는 경우에는 먼저 출원한 주체에게 특허권을 부여하는 규정이다. 하지만 특허출원을 하게 되면 그때부터 권리의 소멸이 카운트다운된다는 사실을 알아야 한다."

김 대표는 특허권을 빨리 출원하는 것만이 능사가 아니라고 강조했다. 그는 "특허제도의 취지와 규정으로 인해 특허권을 오랫동안 살릴 수 있는 유일한 방법은 최대한 늦게 출원하는 것"이라면서 "하지만 특허권 확보를 두고 경쟁을 하는 상황이라면 빨리 특허를 출원하는 것이 유리하다"고 조언했다. 요컨대 특허 경쟁 상황을 종합적으로 고려해 전략적으로 출원 시기를 조절할 필요가 있다는 게 그의 판단이다.

그는 이어 특허출원에 있어 특허권이 기업의 자산을 보호하는 좋은 수단이지만 발명 내용이 공개되어야 한다는 점, 공개된 후에는 특허출원을 해도 특허권 획득이 어렵다는 점, 내부 인력에 의해 유출될 수 있다는 점을 대비해야 하는 점, 플랫폼 기술의 경우 너무 조급하게 출원하게 되면, 다양한 응용 분야에 대해 특허등록이 제한되는 점 등을 유의해야 한다고 말했다.

최근 글로벌 바이오업계의 특허소송과 관련한 주요 추세를 묻는 질문에 김 대표는 2023년 미국 대법원이 내린 다국적제약사 암젠과 사노피의 특허소송에 대한 최종 결론을 들며 설명했다.

"이 소송의 골자는 질환에 대한 새로운 타깃인 항원(PCSK9)에 대한 항체가 어느 범위까지 권리를 인정받을 수 있을 것인가였다. 지금까지 항원이 새로운 경우에는 이 항원에 대한 항체는 모두 특허를 획득할 수 있었다. 하지만 이번 대법원 판결에서는 동일한 항원에 대한 항체의 수는 은하계에 있는 별의 숫자만큼이나 많다면서, 무수히 많은 항체에 대한 권리를 모두 독식하는 것은 적절하지 못하다고 판단했다. 결국 암젠은 새로운 항원에 대한 항체 26종에 대해서만 권리를 확보하게 됐다."

김 대표는 글로벌 바이오 특허권 추세는 아무리 혁신의 결과가 크다고 해도, 권리가 너무 일방에게 치우쳐 해당 산업이 오히려 저해되는 경우 특허권을 과감하게 제한하는 방향으로 가고 있다고 덧붙였다.

"국내 제약·바이오업계가 글로벌 특허제도를 활용하기 시작한 지는 불과 20여 년 전이다. 특허제도를 활용한다는 것은 글로벌하게 동일 기준으로 기술뿐만 아니라 특허 전략적으로도 경쟁하는 시스템에 들어간 것이다. 우리의 중요한 기술 자산을 특허권으로 효율적으로 보호하는 것도 중요하고, 또한 상대방의 특허권을 인지하고 존중하는 것이 필요한 상황이다."

그는 형식적으로 권리 확보를 통해서 특허권 보유라는 구색을 맞추는 것이 아니라 보유 기술 자산이 실질적으로 보호될 수 있는 특허 전략을 수립, 실행하는 데 비용을 아끼지 않아야 한다고 강조했다.

"탄탄한 수익원을 확보하지 못하고 신약 개발에만 매달리고 있는 바이오벤처는 생존을 장담할 수가 없다. 제대로 된 신약 하나 개발하려면 10여 년간 최소 수천억 원이 들어가는데 외부 투자금에만 의존해서는 결국 실패로 이어질 확률이 높다."

당뇨병을 근원적으로 낫게 해주는 치료제를 개발하고 있는 퓨젠바이오의 김윤수 대표는 바이오벤처가 신약 개발에 성공하기 위한 필수 조건으로 안정적인 매출원 확보를 첫손에 꼽는다. 퓨젠바이오는 지난 2010년 '세리포리아 락세라타'라는 균사체가 당뇨병을 근원적으로 치료하는 효능을 가지고 있다는 것을 발견, 이때부터 10여 년간 당뇨병 치료제 개발을 해오고 있는 바이오벤처다.

"안정적 수익 없는 신약 개발
실패 확률 높아"

몇 해 전부터 바이오 투자가 썰물처럼 빠져나가자 바이오벤처마다 자금난으로 생존이 불투명해지면서 절박함을 호소하고 있다. K바이오 대부분은 신약 개발만을 주력으로 사업을 벌여오다 보니 별다른 매출원을 확보하지 못하고 있는 게 현실이다. 신약 개발에 집중하는 바이오벤처는 매출은커녕 적자만 매년 수백억 원씩 쌓이고 있는 경우도 많다.

이런 상황에서 바이오 투심이 얼어붙어 추가적 투자금 확보가 차단되면서 곳간이 비어가는 업체들은 부도에 직면해 있는 처지다. 이제 시장은 믿을 만한 매출원을 확보하지 못하거나, 기술수출 등 신약 개발의 가시적 성과가 없는 바이오벤처들에게는 눈길조차 주지 않는 상황이다. 신약 개발이라는 미래 잠재력에 대한 고평가 시대는 끝나고, 매출이나 기술수출 등 이미 실현된 기업가치가 투자 평가의 기준이 되고 있다.

김윤수 퓨젠바이오 대표(사진: 퓨젠바이오)

당뇨병 치료제, 화장품, 건강기능식품 3대 축 사업 전개

김윤수 대표가 강조하는 매출원 확보를 통한 바이오벤처 생존 전략은 바이오 투자 빙하기를 맞은 K바이오가 귀담아 들어야 할 조언이라는 판단이다.

김 대표는 당뇨병 치료제 개발을 지속하면서 이 분야는 속성상 최소 10여 년간 방대한 임상을 거쳐야 하기에 대규모 연구 자금이 절대적으로 필요하다는 것을 깨달았다. 그러면서 그는 외부로부터 당뇨병 연구개발 자금을 지속적으로 끌어들여 치료제 개발을 완성한다는 것은 성공 가능성이 지극히 낮은 위험한 비즈니스모델이라는 결론을 내린다.

당뇨병 치료제 완성을 위해 김 대표가 선택한 생존 전략은 사업다각화를 통한 안정적인 '선매출원 확보' 및 이를 통한 '지속적 치료제 개발 가능한 인프라 구축'이었다. 이 밑그림을 바탕으로 그가 신규 진출한 사업 분야가 화장품 및 건강기능식품이다. 현재 퓨젠바이오는 당뇨병 치료제 개발을 주축으로 화장품, 건강기능식품을 3대 사업 포트폴리오로 운영하고 있다. 이 3대 사업 축을 관통하는 공통분모로 세리포리아 락세라타를 전방위로 활용, 회사의 핵심경쟁력을 배가시키는 구조다.

세리포리아 락세라타 균사체를 배양하는 퓨젠바이오 생산 시설(사진: 퓨젠바이오)

퓨젠바이오의 화장품은 이제 세리포리아 락세라타가 가지고 있는 항노화, 피부 면역 효과를 접목시켜 시장에서 대히트 종목으로 자리매김했다. 2023년에만 200억 원어치가 팔렸다. 이 추세라면 2024년 300억 원 가까운 매출을 화장품에서만 거둘 것으로 예상된다. 생산량이 수요를 맞추지 못해 2024년에는 신규 생산공장을 전북 익산에 추가로 세울 계획이다.

이 회사의 건강기능식품 '세포나' 또한 세리포리아 락세라타가 당뇨병 근원 치료 효과가 있다는 것을 활용해 개발, 시장에서 큰 반향을 불러 일으키고 있다. 특히 이 회사는 다수의 임상을 거쳐 식품의약품안전처(식약처)로부터 세리포리아 락세라타를 원료로 한 건강기능식품이 당뇨병 치료에 효과가 있다는 것을 인정받았다. 당뇨병 인슐린 저항성 개선 효능을 식약처로부터 유일하게 허가받은 건강기능식품이어서 당뇨 환자들에게 호응을 얻고 있다.

"현재 전임상 단계인 당뇨병 치료제를 상업화하려면 최소 10년은 더 걸릴 듯하다. 화장품 및 건강기능식품 매출이 없다면 이 기나긴 개발 과정을 견뎌내기 힘들 것이다. 바이오벤처는 신약 개발이 최우선이지만 지속 가능한 신약 개발을 위해서는 매출원 선확보가 무엇보다 중요하다."

바이오 투자 가뭄은 여름이면 어김없이 찾아오는 장마처럼 늘 반복되는 피할 수 없는 사이클이다. 물 들어올 때 배 띄우는 것이 당연하다면, 반대로 물이 빠질 때를 대비한 플랜 B도 준비해야 한다. 썰물을 예상하지 못한 상당수 바이오벤처에게 퓨젠바이오의 사업다각화 전략은 생존을 위해 무엇이 필요한지 여실히 보여준다.

'천수답' 바이오가 살길

　"주식시장에 상장해 어느 정도 신약 개발 자금을 미리 확보했지만 개발 일정이 지체되고, 추가 자금 확보가 여의치 않아지면서 회사 운영이 갈수록 어려워지고 있어 난감하다. 신약 개발에만 기댈 수 없어 현재는 안정적

출처: 게티이미지뱅크

신규 수익원을 발굴하는 데 주력하고 있다."

얼마 전 만난 코스닥상장 바이오벤처 최고경영자는 최근 바이오 투자가 얼어붙으면서 대부분 변변한 수익모델 하나 없는 바이오벤처들은 고사 직전이라고 하소연했다. 바이오벤처들에 대한 투자 물줄기가 말라 바닥을 드러내면서 업계가 생존을 위해 절치부심하고 있다. 얼마 전까지 바이오 섹터는 투자 1순위로 꼽히며 투자금이 물밀듯 몰려들던 것과는 하늘과 땅 차이인 상황이다.

바이오 투자 가뭄에
바이오벤처들 공멸 위기
—

이번 바이오 투자 가뭄은 무엇보다 바이오벤처는 대표적 '천수답(天水畓)' 비즈니스라는 것을 여실히 드러냈다. 천수답은 하늘에서 내리는 빗물에만 의존해 벼농사를 하는 논을 의미한다. 비가 오지 않는 가뭄에는 논바닥이 말라붙어 벼농사도 망치게 된다. 한국의 바이오벤처도 유일한 생명수인 투자금 확보가 지속적으로 이뤄지지 않으면 회사 존속이 어렵게 되는 구조라는 점에서 천수답과 판박이다.

천수답에서 벗어나 가뭄에도 벼농사를 지을 수 있는 해법은 수로나 저수지 등 관개시설을 구축하는 것이다. 바이오벤처도 크게 다르지 않다. 투자 가뭄에도 연구개발을 지속하면서 생존을 담보하려면 지속적 수익을 창출할 수 있는 비즈니스모델을 확보해야 한다는 지적이다. 요컨대 회사 출범 때부터 신약 개발과 별도로 다른 수익원을 병행해야 생존 확률이 높아지는 것이다. 물론 바이오를 전문으로 하는 창업자가 설립 초기부터 여타 비즈니스를 병행한다는 것이 쉬운 일이 아니다.

일부 바이오벤처들은 글로벌제약사와 대규모 신약 기술수출 계약을 맺으면서 생존을 위한 활로 확보에 성공하기도 한다. 하지만 대부분 바이오벤처는 신약 기술수출 단계에 이르기 전 자금줄이 메말라 고사 위기에 직면하거나, 결국 회사 문을 닫고 있는 게 지금 K바이오의 현실이다. 다행히 상당수 바이오벤처는 연관 분야인 화장품, 건강기능식품, 의료기기 등의 사업을 병행하면서 안정적인 수익원을 확보하려는 시도를 하고 있다. 일부는 이들 사업을 통해 이미 지속적인 매출원을 창출, 바이오 투자 가뭄에도 흔들리지 않고 일정대로 신약 연구개발에 주력하는 모습을 보이고 있다.

문제는 대부분 바이오벤처가 여전히 출범 때부터 오로지 신약 개발이라는 한 우물만 파는 비즈니스모델을 고집하고 있다는 데 있다. 이런 기업일수록 창업자마다 자신이 세운 회사는 세계 최고의 기술력과 잠재력을 갖추고 있어 혁신신약을 개발하는 데 아무런 장애물이 없을 것이라는 '근거 없는' 확신을 공통적으로 지니고 있다.

신약 개발 병행,
안정적 수익 창출원 확보가 해법
—

"늦었지만 지금이라도 서둘러 수익 구조가 검증된 화장품, 건강기능식품, 의료기기 벤처 가운데 하나를 인수·합병하려고 하는데 쓸만한 벤처는 몸값이 너무 높아 딜이 이뤄지기 힘든 상황이다. 바이오벤처 창업 때부터 어떤 환경 속에서도 신약 개발을 지속할 수 있도록 별도의 수익모델을 선제적으로 구축했어야 하는데 만시지탄이다."

앞서 언급한 바이오벤처 최고경영자는 투자 가뭄을 극복할 수 있는 대비책을 마련하지 않고 신약 개발 사업 모델에만 의지해서는 회사 존립이 위태롭게 된다는 교훈을 이번 바이오 투자 갈수기에 뼈저리게 깨달았다고 한다.

어찌됐든 살아남아야 신약 개발도 언젠가는 성공할 수 있다. 특히 신약 개발에 십수 년 동안 최소 수천억~수조 원이라는 천문학적인 자금이 드는 것을 감안하면 별도의 지속적 수익 창출원을 확보하는 것은 어쩌면 K 바이오벤처에게는 선택이 아닌 필수 생존조건일수도 있다.

'쪽박' 차는 바이오 투자 비법

　최근 바이오산업은 성장성과 시장잠재력을 바탕으로 한국 경제를 선도하는 대표적 미래성장동력으로 급부상하면서 세간의 주목을 한 몸에 받고 있다. 개인투자자들의 투자 목록에도 바이오는 빠지지 않는 핵심 종목으로 한복판을 차지한다.

　바이오는 산업의 특성으로 인해 대표적 하이리스크, 하이리턴(고위험, 고수익) 섹터로 분류된다. 바이오벤처가 개발 중인 신약의 기술수출이나 상업화에 성공하면 그야말로 사업이 탄탄대로를 달릴 수 있는 기틀을 다지게 된다.

　반면 신약 개발이 기대보다 지지부진하거나 실패로 끝날 경우 바이오벤처는 존폐의 기로에 내몰리곤 한다. 천당 아니면 지옥을 맛볼 수밖에 없는 바이오기업의 독특한 비즈니스모델은 필연적으로 투자에도 그대로 적용된다. 요컨대 바이오벤처에 대한 투자는 다른 어느 업종의 기업보다 고위험, 고수익의 속성을 본질적으로 내포하고 있는 것이다.

철저한 오너 도덕성,
자질 파악 없는 투자는 필패

———

그렇다면 개인투자자들이 바이오 투자에서 수익은커녕 반드시 쪽박을 차게 만드는 가장 큰 투자 비법(?)은 어떤 것일까. 바이오벤처를 창업, 경영하는 오너에 대한 철저한 사전 조사나 분석 없이, 시장에서 돌아다니는 소문이나 수박 겉핥기식의 기업 분석 자료만 믿고 섣불리 투자하는 경우다. 물론 오너가 어떤 인물인지를 꼼꼼하게 살펴보는 것은 투자자들이 바이오벤처뿐 아니라 다른 여타 업종의 기업들에 투자하기 전 거쳐야 하는 필수 관문이다.

그럼에도 다른 어느 업종의 기업보다 바이오벤처에 있어 오너는 사실상 회사의 생사, 운명을 99% 이상 결정지을 정도로 절대적 역할을 한다. 심지어 바이오벤처가 아무리 뛰어난 신약 파이프라인을 가지고 있더라도, 오너가 도덕성이나 경영자적 자질에 문제가 있을 경우 그 회사는 결국 생존이 위태로운 지경에 이르게 된다.

특히 바이오벤처는 신약 개발에 평균 10년 넘는 장기간이 소요되며 임상 과정이 복잡하고 전문적이어서 오너가 자칫 엉뚱한 생각을 품게 되면 투자자들은 속수무책으로 당하게 된다. 실제 임상 결과를 왜곡하거나 조작, 투자자들을 현혹하면서 주가 띄우기에만 몰두하는 바이오벤처 오너들도 드물지 않다. 이들 바이오벤처 오너는 대개 신약 개발 본업은 뒤로하고 유상증자나 전환사채(CB) 발행, 과장된 회사 전망을 교묘하게 악용하면서 돈놀이에만 열중한다.

신약 경쟁력,
시장성 분석 없는 투자는 손실 지름길
―

바이오벤처가 보유하고 있는 신약 파이프라인의 기술경쟁력, 시장성 등에 대한 분석을 제대로 하지 않고 투자에 나서는 것도 쪽박을 부르는 지름길이다. 바이오벤처들은 대개 투자자들에게 각자 자사가 개발 중인 신약은 세계 최고의 약효를 가지고 있으며 수조~수십조 원의 매출은 확실하다고 강조한다. 결국 투자자들은 스스로 투자하려는 바이오벤처의 신약 파이프라인을 열공하면서 기업가치를 매길 수밖에 없다. 특히 국내 바이오벤처에게 열려 있는 유일한 성장 사다리가 신약 기술수출이라는 점을 감안하면 신약 파이프라인의 경쟁력을 분석하는 것은 투자자들이 실천해야 할 필수 사안이다.

바이오벤처에 대한 투자 방망이를 짧게 잡고 단타매매에 집중하는 것도 투자 실패를 피할 수 없게 만드는 요인이다. 오히려 신약 개발에 최소 10년 이상 걸리는 특징을 감안하면 바이오 투자는 다른 어느 업종 기업보다 투자 방망이를 길게 잡아야 승산이 있다.

요컨대 오너 도덕성 및 자질, 신약 경쟁력 및 기술수출 가능성 등을 철저히 분석하고 투자 종목을 선정했으면 흔들리지 않고 장기투자를 하는 것만이 바이오 투자 대박을 부르는 비결이 아닌가 싶다.

한국에서 창업한다는 것은 인생의 가장 큰 도전이면서 한편으로는 도박이기도 하다. 기업이 성공하면 도전적 기업가로, 실패하면 사기꾼이라는 오명을 뒤집어쓰는 게 창업의 세계다. 그야말로 양날의 검이다.

대표적 하이리스크, 하이리턴(고위험, 고수익) 분야인 바이오 창업은 이런 양면성이 가장 두드러지게 나타난다. 무엇보다 제대로 된 글로벌 신약을 하나 개발하려면 10여 년에 걸쳐 조 단위 규모의 연구개발비를 투입해야 하는 바이오산업의 특성은 창업자에게 가장 큰 리스크로 작용한다. 수많은 바이오기업 창업자가 이 계곡을 넘어서지 못하고 나락으로 떨어졌으며 지금도 떨어지고 있다.

바이오 창업은
인생 최대 도전이면서 도박
—

현장에서 접한 경영 실패 사례들을 보면 안타깝지만 바이오기업 창업자 스스로가 화를 자초한 경우도 흔하다. 주로 바이오 분야 전문가인 창업자들은 사업 초기 회사 규모가 작을 때는 무리 없이 경영을 해나간다.

창업 초기에는 신약 파이프라인 발굴과 초기 임상 진행 등이 기업의 주요 경영활동인 만큼 바이오 전문가 출신 창업자가 최고경영자 역할을 맡는 게 효과적이다.

하지만 기업 규모가 커지고 글로벌시장 진출 등 현안에 직면했을 때는 바이오 전문 창업자는 한계를 드러내는 경우가 드물지 않다. 바이오기업 창업자 본인이 아니면 안 된다는 근거 없는 고집으로 끝까지 선장 역을 자임하다 자신은 물론 회사마저 망가뜨리는 결과를 낳곤 한다. 심지어 무리한 자금 확보를 위해 임상 왜곡이나 수가조작 등 탈선을 범해 사회로부터 격리되는 경우도 있다. 창업 초기 잠깐의 성공에 취해 본인 능력을 과신한 탓이다.

바이오 전문가 창업자,
회사 커지면 후방서 지원해야

—

바이오기업 창업자가 사업의 실패 리스크를 최소화하고 성공 가능성을 극대화하려면 무엇보다 2선으로 물러날 때가 언제인지 냉정하게 판단해야 한다. 주요 신약 파이프라인이 임상2, 3상에 진입하면서 천문학적 자금이 필요해지고, 기술수출이 가시화되거나, 글로벌시장 진출이 임박했을 때 등이 바이오 전문 창업자가 결단을 내려야 할 시점이다.

물론 바이오 전문가 창업자라 해서 경영자로서 자질과 능력이 모두 떨어지는 것은 아니다. 오히려 전문 경영인보다 탁월하게 기업을 경영하는 창업자도 많다. 그럼에도 기업 실패 위험을 최소화하고 글로벌기업으로 성장하려면 이미 충분한 회사 경영 경험을 쌓은 전문가를 영입, 수장을 맡기는 게 최선책이다. 실제 미국과 유럽 등에서는 바이오벤처기업이 어느 정도 자리 잡은 후에는 외부에서 글로벌 전문경영인들을 영입, 경영 전면에 포진시키는 게 일반화됐다. 예컨대 우리에게 잘 알려진 코로나19 백신 개발에 성공한 미국 모더나의 경우 외부에서 전격 영입한 글로벌 전문경영인 스테판 방셀 최고경영자(CEO)의 활약에 힘입어 바이오벤처에서 일약 글로벌기업으로 도약에 성공한 사례다.

　미국, 유럽의 바이오벤처기업 창업자는 기업이 커지면서 전문경영인 체제가 필요해지면 대개 최고경영자 자리에서 물러나 연구소장이나 연구개발(R&D) 총괄 등의 역할을 맡아 후방지원 역을 자임한다. 바이오 전문가로서 본인이 가장 잘할 수 있는 분야에 집중하고 경영은 경영 전문가에게 맡기는 것이다. 한국에서 창업은 어렵고도 어려운 일이다. 이런 지난한 환경에서 바이오기업을 세운 용기를 보여준 창업자일지라도 물러설 때를 인정하지 않으며 오히려 기업 몰락을 이끈다면 그것은 '필부의 용기(匹夫之勇)'일 뿐이다.

바이오 기술수출
딜레마

   반도체, 자농자, 배터리, 스마트폰 등은 한국 경제를 견인하는 중추적인 성장동력으로 꼽힌다. 그런데 이들 분야에서 핵심기술을 독자 개발한 국내 업체들이 미국, 중국, 유럽 등 경쟁업체들에게 수익 창출을 위해 너나없이 라이선스 아웃(기술수출)한다면 어떤 일이 벌어질까. 국내 제조사들이 해외 경쟁업체들과의 경쟁에서 밀리며 중차대한 타격을 받게 될 것은 불문가지다.

기술수출에 만족해선
글로벌 제약강국 불가능
—

   바이오산업에서는 실제 그런 일들이 수시로 벌어지고 있다. 나아가 대부분 K바이오텍은 주요 사업 모델로 신약의 기술수출을 첫손에 꼽는다. 업계도, 투자자도 바이오업체의 기술수출 성과를 최고의 사업 경쟁력으로 평가하며 치켜세운다. 요컨대 회사 이력에 최소한 한두 건의 신약 기술수출 성적표가 들어가 있어야 미래가 유망한 바이오텍으로 대접받는 분위기가 강하다.

물론 바이오업계에서 기술수출이 대세가 된 것은 신약 개발만이 갖고 있는 독특하고도 어려운 과정 탓이다. 신약후보물질 발굴 단계에서부터 신약 상용화까지 성공 확률은 0.01%에 불과하다. 신약 개발에 도전한 1만 개 후보물질 가운데 단 1개만이 상용화에 성공하는 셈이다. 게다가 상용화하려면 평균 10여 년간 조 단위 연구개발 비용을 감수해야 한다. 자본력이 약한 국내 바이오벤처들로서는 신약 상용화를 독자적으로 완주한다는 것은 사실상 불가능에 가깝다. 결국 그 중간 단계에서 개발 중인 기술을 글로벌제약사들에게 라이선스 아웃하는 것이 생존을 위한 현실적인 대안으로 자리잡은 것이다.

　그렇다고 언제까지고 K바이오가 바이오 신약 기술수출을 지상 과제로 삼고 앉아 있을 수는 없다. 특히 제약강국 도약을 노리는 K바이오로서 독자적 신약 상업화는 더 이상 미룰 수 없는 당위성으로 자리 잡은 지 오래다. 기술수출은 엄밀히 보면 '기술유출'과 크게 다르지 않다. K바이오텍들이 개발 중인 핵심 신약 기술을 다국적제약사들에게 라이선스 아웃하는 것은 결국 K바이오 자체 신약 상업화 가능성을 스스로 꺾는 셈이다. 실제 화이자, 머크, 노바티스, 로슈 등 글로벌제약사들은 한국을 포함 글로벌하게 성공 확률이 지극히 높은 신약물질들만 사들여 글로벌 블록버스터를 만들어내는 선순환구조에 들어선 지 오래다. 그야말로 이들에게는 바이오 사업은 '땅 짚고 헤엄치기' 비즈니스모델이다.

정부 바이오 지원 예산
임상2, 3상에 집중할 시점
—

　국내 바이오기업들이 자체적으로 임상3상을 거쳐 상업화까지 이뤄내기 위해서는 막대하게 소요되는 자금이 최대 걸림돌이다. 현재 국내 바이오기업들에 대한 투자는 신약후보물질, 전임상, 임상1상 단계인 바이오텍들을 대상으로 대부분 이뤄지고 있다. 정부의 바이오 연구개발(R&D) 지원 또한 마찬가지다. 전체 신약 개발 비용의 90%가 임상2상과 임상3상 단계에 투입된다는 점을 감안하면 지금의 바이오 투자 및 정부 지원 구조로는 K바이오기업들이 자력으로 상용화까지 나서기는 힘들다는 지적이다.

　결국 정부가 나서 물꼬를 터줘야 한다는 목소리가 업계 내부에서 나온다. 매년 과학기술정보통신부, 보건복지부, 산업통상자원부 등 3개 부처는 바이오 연구개발에 모두 1조 원을 훌쩍 넘는 예산을 투입한다. 하지만 코로나19 백신, 치료제 개발 등 특수한 경우를 제외하고 신약 임상2상, 3상을 위한 예산 지원은 사실상 지금까지 전무했다. 업계는 지금부터라도 정부가 임상2상, 3상에 바이오 연구개발 지원비를 집중해줄 것을 바라고 있다. 제약강국 도약을 위해서는 신약 개발의 초기 단계는 민간투자가, 중간 단계인 임상2상~3상은 정부가 각각 맡는 투 트랙 전략이 절실한 시점이다. 요컨대 기술수출에 전적으로 매달리고 있는 K바이오에 자체 글로벌 신약 상용화가 일반적으로 확산되어야만이 비로소 '신약 주권'을 확보할 수 있는 생태계도 구축될 수 있다.

본말전도 K바이오 옥석 가리기

　얼마 전까지 바이오업계로 대거 몰려들던 투자금이 최근 들어 뚝 끊어지면서 바이오벤처마다 생존 대책을 마련하느라 분주한 모습이다. 지난 10여 년간 바이오는 최선호 투자 섹터 가운데 하나로 자리매김하면서 상대적으로 다른 산업보다 투자를 받기가 수월했다. 심지어 상업화 가능성이나 시장성이 제대로 검증되지 않은 신약후보물질이나 신약 개발 기술력 하나만을 내세워 투자 유치에 성공하는 바이오벤처들까지 넘쳐났다.

　이제 상황은 180도 바뀌어 바이오업계에게 좋은 시절은 지나갔고, 언제 끝날지 모를 고난의 행군이 시작됐다. 동시에 바이오벤처들의 옥석 가리기가 본격적으로 진행되고 있는 형국이다. 특히 충분한 사업 자금을 미리 확보해놓지 못한 바이오벤처들 가운데 상당수는 회사의 존폐를 걱정해야 하는 처지에 내몰리고 있다. 신약 파이프라인을 대폭 축소하거나 대규모 인력 구조조정에 들어간 바이오벤처들이 속출하고 있다.

　이번에 전개되고 있는 바이오업계의 구조조정은 바이오 투자 호황기를 등에 업고 그간 팽창 일로에 있던 거품의 상당 부분을 걷어내는 결과를 낳게 될 것이다. 이 과정을 통해 신약 개발 기술력과 역량을 갖춘 바이오벤처들은 살아남는 반면 변변히 차별화된 신약 파이프라인을 갖추지 못한 기업들은 역사의 뒤안길로 사라지는 수순을 밟을 것이라는 게 업계의 일반적인 예상이다.

옥석 구분이 자금력 기준,
왜곡 진행될 우려 커져
—

하지만 실상을 들여다보면 이번 바이오 옥석 가리기는 이와 정반대로 전개될 개연성이 높아 우려가 앞선다. 신약 개발 기술력 보유 여부가 바이오 구조조정의 기준이 되어야 하는데, 바이오벤처의 실탄 비축량이 생사를 가름할 핵심 요건으로 작용할 가능성이 높아지고 있어서다.

실제 이번 바이오 빙하기가 도래하기에 앞서 넉넉한 실탄을 확보한 바이오벤처들 상당수는 허황된 신약 파이프라인을 내세우며 투자자들을 현혹하는 데 성공했다. 예컨대 임상시험 결과를 자신들에 유리하게 왜곡하거나, 근거 없는 신약 상업화 및 기술수출 가능성을 빌미로 주가를 띄운 후 유상증자나 전환사채 발행 등을 통해 대규모 자금을 수혈받은 바이오벤처들이 대표적이다. 이들은 이번 옥석 가리기 과정에서 제대로 걸러지지 않고 어느 바이오벤처보다 오래 살아남을 가능성이 높다.

반면 신약 개발을 위해 천문학적인 자금을 쏟아부으며 본업을 충실히 수행해오던 바이오벤처들은 오히려 심각한 자금난에 허덕이고 있다. 바이오 투자 고갈 상태가 장기화되면 회사 존폐가 가장 위태로워지는 부류로 전락했다. 유치한 투자금을 임상시험에 적극적으로 투입한 바이오벤처가, 임상시험은 뒷전이고 투자 유치에만 몰두한 기업들보다 먼저 속속 무너지는 사태가 벌어질 가능성이 높아지고 있는 셈이다.

임상 왜곡, 근거 없는 신약 개발로
실탄 확보한 기업 퇴출돼야
—

물론 기업은 최악의 경영환경 속에서도 지속적인 생존과 성장을 위해 무엇보다 현금 흐름을 원활하게 유지해야 한다. 신약 개발을 본업으로 하는 바이오벤처들이라고 예외는 아니다. 그럼에도 글로벌 경쟁력을 갖춘 신약 파이프라인을 보유한 바이오벤처들이 일시적인 자금난을 이겨내지 못해 무너지고, 신약 개발 대신 '돈 잔치'에만 열중한 기업들이 살아남는 옥석 가리기는 K바이오의 경쟁력에 치명타를 입힌다는 점에서 염려스럽다. '악화가 양화를 구축'하는 바이오 구조조정을 피해가기 위해서는 무엇보다 투자자들의 현명한 판단이 어느 때보다 절실한 시점이다. 여기에 벤처 캐피털 등 바이오 투자를 주력으로 하는 금융기관들도 글로벌 신약 경쟁력을 확보한 바이오벤처들조차 기업가치가 크게 낮아진 현시점이야말로 최적의 바이오 투자 시점이라는 점을 감안했으면 하는 바람이다.

공공의 적
'제네릭'을 위한 변명

제네릭의약품이 '미운 오리새끼' 취급을 받으며 고사 위기로 내몰리고 있다. 제네릭을 '공공의 적'으로 규정하며 박멸하려는 사회 분위기가 강해지는 형국이다. 비싼 제네릭은 건강보험 재정을 갉아먹고, K바이오의 신약 개발 의지를 꺾는 주범으로 잇달아 지목되면서 사면초가다. 제네릭의약품은 오리지널의약품(신약)과 성분, 함량, 제형은 물론 효능, 용법·용량 등이 동일한 의약품이다. 오리지널의약품 대비 적은 비용과 짧은 기간을 들여 생물학적동등성시험을 통해 오리지널의약품과 동등한 효과 및 안전성을 정부로부터 입증받은 약이다.

제네릭 가격 비싸,
신약 개발 대신 제네릭 의존 지적

2022년 국정감사에서도 제네릭의 약가 인하를 통해 건강보험 재정을 대폭 절감해야 한다는 의견이 제기됐다. 최재형 국민의힘 의원은 국감장에서 "높은 복제약 가격은 국민뿐 아니라 건강보험 재정에도 많은 부담을 주고 있다"며 "제네릭 약가를 20%만 인하하면 약 1조 5,000억 원 정도 건강

보험 재정을 절감할 수 있다"고 강조했다. 이어 최 의원은 "제네릭 가격을 높게 책정한 것은 신약 개발에 투자하라는 의미였으나, 최근에는 제네릭 가격이 높아 오히려 위험이 수반되는 신약 투자 동력을 상실하는 결과로 이어지고 있다"고 비판했다.

그렇다면 최근 사회적 이슈가 된 제네릭이 국민, K바이오, 나아가 국가에 해악만 끼치고 있는 절대악의 존재일까. 제네릭에 대해 올바른 평가를 내리려면 무엇보다 역기능은 물론 순기능까지 종합적으로 고려, 균형 잡힌 시각으로 바라봐야 한다는 판단이다.

제네릭의 역기능과
순기능 모두 보는 균형감각 필요
—

제네릭이 고가 논란에도 건강보험 재정을 절감하는 역할을 톡톡히 해내고 있다는 것은 부정할 수 없는 사실이다. 제네릭이 출시되면 통상 오리지널의약품 가격은 제네릭 출시일로부터 1년간 종전 약가의 70%로 떨어진다. 제네릭 출시만으로도 건강보험 재정을 30% 이상 절감하는 효과를 내는 것이다. 실제 한국제약바이오협회에 따르면 2016년부터 2020년까지 62개 성분의 신규 제네릭이 등재되면서 약 4,000억 원의 건강보험 재정을 절감했다.

제네릭의 탁월한 건강보험 재정 효과를 간파한 미국 등 선진국에서는 일찌감치 제네릭의 오리지널 대체를 적극 추진하고 있다. 미국은 2017년 의약품 경쟁 실행 계획을 발표, 제네릭 제품 허가·검토 효율성을 높이고 특허 만료 의약품 명단을 공개하며 제네릭 개발을 촉진하고 있다. 일본 정부는 2023년까지 제네릭 처방 비중을 80% 이상으로 높인다는 계획이다. 독일, 영국에서는 의료비 절감을 위해 의료인에게 인센티브를 제공하며 제네릭 사용을 권장한다.

제네릭의 빼놓을 수 없는 강점은 K바이오의 자금줄이 되어 신약 개발 투자의 원동력으로 작용한다는 점이다. 제네릭으로 거둔 수익을 연구·개발에 투자, 글로벌 블록버스터 신약 개발에 도전하는 선순환 생태계가 국내 업계에 자리를 잡아가고 있다. 다만 여전히 상당수 제약사들이 제네릭에만 안주하고 신약 개발은 뒷전인 관행은 시급히 개선되어야 할 문제점이다.

결국 제네릭은 K바이오가 글로벌 신약 개발 경쟁력을 갖추기 위해서 싫든 좋든 끝까지 껴안고 가야 할 동반자다. 이 과정에서 적정한 제네릭 비중과 가격을 찾는 노정은 가시밭길이겠지만 반드시 거쳐야 할 관문이다. 요컨대 제네릭 없는 K바이오는 실현 불가능한 유토피아일 뿐이다.

빙하기 도래한 바이오, 돌파구는

'천당에서 지옥으로.'

몰려드는 투자 가운데 입맛에 맞는 것만 까다롭게 골라 받던 바이오벤처들이 얼마 전부터 투자자들의 발길이 뚝 끊기면서 신음하고 있다. 글로벌 경기 불황이 본격 전개되면서 바이오 투자자들이 서둘러 지갑을 닫자 벌어지고 있는 상황이다. 콧대 높던 바이오벤처들의 모습은 사라지고 요즘 바이오벤처 최고경영자(CEO)들의 1순위 경영 목표로는 '자금 확보'가 자리잡았다. 그야말로 벤처캐피털 등 투자자들에게 '갑'으로 군림하던 바이오벤처들이 이제는 '을'로 전락하면서 처지가 180도 바뀌었다.

업계는 이번에 바이오 투자금이 썰물처럼 빠져나가면서 본격적인 바이오벤처들의 옥석 가리기가 시작됐다고 판단한다. 이전에는 신약 개발이라는 두루뭉술한 타이틀만 가지고도 넘쳐나는 투자금 덕에 어렵지 않게 자금을 유치할 수 있었다. 하지만 지금은 확실한 임상시험 결과나 기술수출 가능성, 수익 창출 역량 등을 확보하지 않고서 투자 유치는 언감생심인 형국이다.

몰려드는 투자 가려 받던 바이오벤처들,
자금경색으로 신음

⎯

최근 몇 년 사이 국내 바이오업계는 신약 개발 실력을 크게 높이고, 기술수출도 대폭 늘리면서 K바이오에 대한 국내외 인식을 근본적으로 달라지게 만들었다. 무엇보다 최근 K바이오의 비약적인 성장세는 바이오가 조만간 자동차, 반도체 등과 어깨를 나란히 하는 한국 경제의 핵심 산업으로 자리매김할 수 있을 것이라는 확신을 심어주기에 충분했다.

하지만 바이오 투자 빙하기가 지속되면서 K바이오의 근간이 흔들리는 것 아니냐는 우려가 일각에서는 터져 나온다. 무엇보다 갈수록 매서워지고 있는 바이오 투자 빙하기는 이제 막 글로벌로 도약하려는 K바이오에게는 치명타가 될 수 있다는 지적이다. 당장 충분한 실탄을 확보하지 못한 바이오벤처들 상당수는 2022년을 넘기지 못하고 문을 닫거나 매물로 시장에 나올 것으로 예상된다. 바이오벤처마다 조직 슬림화나 비용 절감 등으로 이 난국을 극복하려 하지만 생존을 담보하기에는 역부족인 상황이다. 그나마 이 빙하기가 오기 전 충분한 투자금을 마련한 일부 바이오벤처들은 계획대로 신약 개발을 진행하고 있어 다행이라면 다행이다.

대대적 신약물질 구조조정,
과감한 사업 매각이 생존책

⎯

바이오산업은 독특한 업종의 특성으로 투자자금이 지속적으로 돌지 않으면 다른 어느 산업보다 피해가 커지는 구조다. 바이오 업종은 신약 상용화까지 최소 10년이 걸리는 장기 마라톤 코스다. 이 기간 수익은 고사하고 작은 매출조차 일으키기 힘들다. 기술수출을 하려 해도 어느 정도 신약 성공 가능성을 확보하는 단계까지 도달하려면 평균 4~5년은 연구개발에 지속 몰두해야 한다. 요컨대 바이오 업종은 장기간 투자를 끊기지 않고 받아야만 결실을 볼 수 있는데 중간에 중단되면 생존이 불투명하게 되는 것이다.

결국 바이오벤처들이 이 난국을 이겨내고 신약 개발을 지속하기 위해서는 대대적인 신약물질 포트폴리오 구조조정과 과감한 사업 매각 등을 통한 자구책 확보에 시급히 나서야 한다. 그간 상당수 바이오벤처들이 넘쳐나는 투자금으로 방만한 경영을 해온 것도 사실이다. 이제는 뛰어난 신약 개발 역량을 갖춘 곳이 살아남는 것이 아니라, 살아남는 자가 발군의 실력 있는 기업이라는 진리를 되새겨야 할 시점이다. '선택과 집중'의 전략이 K바이오 생존을 위해 어느 때보다 절실하다.

바이오가
이재용 회장에게 주는 기회

'수성(守成)'과 재창업(再創業)'은 재계 후계자들이 평생 풀어가야만 하는 숙명이다. 선대가 맨손으로 세운 기업을 고스란히 물려받은 경영 후계자들로서는 수성과 재창업 어느 것 하나 소홀히 할 수 없다.

새로운 사업에 대한 도전은 꺼려하며 기존 사업을 지켜내는 수성에만 치우치는 재계 후계자는 기업가의 도전정신을 의심받곤 한다. 반면 선대를 뛰어넘고자 기존 주력사업을 등한시하고, 새로운 비즈니스를 앞세우며 재창업에만 몰두하면 무모하고 위험한 경영자라는 평가를 받는다.

요컨대 세상은 선대로부터 이어받은 주력사업을 키워나가면서도(수성), 새로운 사업에 진출해 영역을 확장해나가는(재창업) 후계자를 청출어람한 실력 있는 기업인으로 인정한다.

반도체, 전자는 키워도
아버지 그늘 한계 못 벗어나
—

초일류 기업 삼성의 경영 후계자인 이재용 삼성전자 회장도 예외가 아니다. 세상은 이 회장이 부친인 이건희 회장으로부터 승계받은 국내 대표기업 삼성그룹의 선장으로서 과연 수성과 재창업 두 가지 모두를 잘 해나가는지를 관심 있게 지켜보고 있다.

수성의 측면에서 보면 현재까지 이 회장의 성적표는 그리 나쁘지 않다는 게 대체적 시각이다. 초일류 기업 삼성을 떠받치고 있는 대표적 기둥 사업인 반도체, 전자 양대 분야에서 해마다 사상 최고 실적을 경신하고 있다. 다만 이들 분야는 지금은 최고의 글로벌 경쟁력을 갖춘 삼성의 핵심 사업으로 손꼽히지만, 미래 불확실성은 여타 사업을 압도한다는 공통 약점이 자리한다.

이재용 삼성전자 회장(사진: 이데일리DB)

바이오는 이 부회장이
경영자적 자질 입증할 절호 기회

—

재창업의 관점에서 보면 이 회장은 어느 수준일까. 결론부터 얘기하면

이에 대한 평가를 내리기에는 다소 이르다는 판단이다. 기존 것을 지켜내는 수성에 비해 새로운 사업을 일궈내야 하는 재창업은 몇 배, 몇십 배의 시간과 노력을 필요로 한다. 그럼에도 이 회장이 독자적으로 개척해 재창업에 성공했다고 내세울만한 사례를 아직까지는 찾기 힘들다는 점은 아쉬운 대목이다.

수성에 성공하더라도 재창업 분야에서 이렇다 할 전공을 세우지 못한 기업 후계자에게 세상은 '평범한 경영자'라는 꼬리표를 붙인다. 다행히 이 회장에게는 재창업에서 혁혁한 성과를 거둘 기회가 무르익고 있다.

바이오 사업이 그것이다. 선대 이건희 회장이 2010년 바이오·제약을 그룹의 5대 신수종사업으로 확정했다지만 삼성의 바이오 사업을 실질적으로 맨땅에서 일궈낸 것은 이 회장이다. 삼성의 바이오 사업을 대표하는 삼성바이오로직스는 10여 년 사이 글로벌 1위 바이오의약품 위탁개발생산(CDMO)업체로 우뚝 섰다. 삼성바이오로직스가 세계적으로 손꼽히는 바이오기업으로 도약, 한국이 제약강국 반열에 오르는 데 선봉장 역할을 한다면 그는 수성과 재창업에 성공한 대표적 경영자로 기록될 수 있다.

공격적 인수·합병 등이
글로벌 바이오기업으로 가는 전략
—

그러려면 삼성은 바이오 사업에 대해 지금과는 차원이 다른 그룹 주도의 전략과 집중도가 필요하다. 바이오를 제2 반도체로 육성하겠다는 게 삼성의 전략이지만 이 정도 결기로는 부족하다. 최소한 반도체를 월등하게 뛰어넘는 삼성의 간판사업으로 키워내고야 말겠다는 혁신적 도전정신이 절실하다. 의약품 세계시장 규모는 1,800조 원에 달한다. 반도체와 자동차를 합한 것보다 시장이 크다는 점은 삼성에게는 고무적이다.

삼성이 글로벌 바이오기업을 일궈내기 위해서 반드시 거쳐야 하는 관문이 있다. 잠재력 있는 신약 파이프라인을 갖춘 글로벌 바이오기업들에 대한 공격적 인수·합병(M&A)이 그것이다. 신약 하나 개발하는 데 10여 년이 걸리는 바이오 업종의 특성상 피할 수 없는 전략이다.

특히 세계적 전염병 창궐 시대에 전염병 백신, 치료제 분야에서 압권의 기술력을 확보하고 있는 글로벌 바이오기업들을 적극 병합하는 것도 단기간 글로벌 바이오기업으로 도약하는 데 효과적 해법이 될 수 있다. 이 회장이 삼성의 수장으로 재직하는 동안 삼성바이오로직스를 삼성의 맏형격인 삼성전자를 뛰어넘는 세계적 바이오기업으로 키워내는 것도 도전해 볼 만한 의미 있는 일이다.

테슬라가 국내 제약업계에 던지는 교훈

온 산이 붉게 물들어가고 있다. 바야흐로 단풍이 절정이다. 하지만 길어야 10여 일이다. 이 기간이 지나면 세상을 뒤덮은 단풍의 전성시대는 속절없이 끝이 난다. 그야말로 '화무십일홍(花無十日紅)'이다.

테슬라는 내연기관차,
셀트리온은 화학의약품 대체

영원한 권세나 영화는 있을 수 없다는 진리를 보여주는 화무십일홍은 단풍 같은 자연현상뿐 아니라 기업이나 산업에도 예외 없이 그대로 적용된다. 예컨대 영원히 세상을 호령할 것으로 보였던 내연기관 자동차는 테슬라, 비야디(BYD)로 대표되는 전기차에 밀려 급속하게 역사의 뒤안길로 사라지고 있다. 몸값이 3월 기준 730조 원을 넘어서는 테슬라는 세계 1위 자동차 기업 도요타(455조 원)보다 1.5배 이상 비싼 기업으로 자리매김하고 있다.

자동차에 비해 아직은 세간의 주목을 덜 받고 있지만 기존 산업의 근간이 뿌리째 흔들리고 있는 대표적인 산업이 제약이다. 제약산업은 과거 수

백 년간 화학의약품이 대세를 이뤄왔다. 영구히 지속될 것으로 보였던 화학의약품 전성시대도 바이오의약품이 급성장을 거듭하면서 시간의 문제일 뿐 '의약품의 왕좌' 자리를 내주는 것이 기정 사실로 받아들여진다.

글로벌 시장조사업체 이벨류에이트파마는 세계 의약품시장에서 차지하는 바이오의약품의 비중이 지난 2019년 29%에서 오는 2026년에는 35%까지 치솟을 것으로 전망한다. 이 기간 바이오의약품 연평균 성장률은 9%에 달한다. 여기에 얼마 전 전 세계를 강타한 코로나19 전염병은 바이오의약품 전성시대를 더욱 급속하게 앞당기고 있다. 이 전염병으로부터 세계 인류의 생명을 책임진 코로나19 백신은 대부분 바이오로 만든 의약품이다. 향후 빈발할 것으로 예상되는 전염병 시대가 본격화되면 바이오의약품산업의 상승세는 더욱 두드러질 것이라는 게 업계의 판단이다.

인천 송도에 자리잡은 셀트리온 본사(왼쪽)와 미국 팔로 알토에 있는 테슬라 본사 전경
(사진: 셀트리온, 위키피디아)

바이오로 대체되는 세계 제약산업의 급변 추세는 국내 제약산업에서도 두드러진다. 국내 제약산업의 절대 강자로 부상한 셀트리온이 이를 대변한다. 바이오시밀러의약품을 주력으로 하는 셀트리온은 2023년 매출 2조 2,000억 원가량을 거두면서 굴지의 바이오기업으로 자리매김했다. 탄생한지 20년에 불과한 신생 바이오기업이 명실상부하게 한국을 대표하는 제

약기업으로 우뚝 선 셈이다. K바이오 매출 1위를 기록한 삼성바이오로직스는 2023년 매출이 3조 7,000억 원에 육박했다. 2024년에는 4조 원 돌파가 무난해 보인다.

바이오 집중 육성해야
전통 제약사들 미래 승산 있어
—

이이 비해 유한양행, 종근당, 한미약품 등 화학의약품을 주력으로 하는 전통의 강자들은 지속적인 성장세를 유지하고 있지만 셀트리온 같은 바이오 강자를 따라잡기에는 힘이 부치는 형국이다. 셀트리온과 매출 격차는 더욱 벌어지는 추세다. 셀트리온은 별다른 이변이 없는 한 2024년 매출 3조 원을 돌파할 전망이다.

바이오가 대세인 상황에서 전통 제약사들이 취할 수 있는 활로는 그리 많지 않아 보인다. 크게 보면 메인 산업으로 급부상하는 바이오를 무시하고 기존 주력인 화학의약품에 안주·집중하는 전략과, 바이오를 적극 미래성장동력으로 육성해나가는 전략 두 가지다. 전통 제약사들이 미래 생존확률을 높일 수 있는 효과적 전략은 당연히 후자일 것이다.

바이오 대세가 정해졌지만 여전히 바이오를 애써 외면하고 화학의약품을 고집하는 전통 제약사들이 대부분이라는 점은 한국 제약산업의 미래를 어둡게 하는 대목이다. 특히 '오픈 이노베이션(개방형 기술혁신)'이라는 명분 아래 바이오벤처들에 소규모 투자를 벌이는 것으로 바이오 육성을 잘하고 있다고 착각하는 전통 제약사들은 쇠락의 길을 피할 수 없다는 것을 각인해야 한다.

복제약 축소 없는 제약강국은 언감생심

오리지널 신약이 탄생하려면 강산이 최소한 한 번 바뀌어야 할 정도의 긴 세월을 필요로 한다. 여기에 1조~2조 원이라는 천문학적 개발비를 투입해야 한다. 성공 확률도 지극히 낮다. 신약후보물질 1만 개 가운데 단 1개만이 상업화까지 완주에 성공한다.

국내 제약업계가 지난 100여 년간 오리지널 신약 개발은 꿈도 못 꾸고 대신 복제약에 집중해온 배경이다. 지금도 복제약은 대부분 국내 제약사들의 생존을 위한 필수품으로 탄탄하게 자리잡고 있다. 하지만 신약 개발을 포기한 대가는 컸다. 자체 개발한 신약이 없으니 그동안 성장은 정체였고, 해외시장 진출은 언감생심이었다. 전 산업을 통틀어 가장 오래된 업력

복제약 범람을 막기 위해 추진했지만 지금은 폐기된 식약처의 위탁생동제도 개선안
(출처: 식약처)

을 자랑하는 국내 제약업계지만 아직까지 글로벌제약사가 등장하지 못하고 있는 근본 원인으로 복제약이 지목되기도 한다.

제약업 고질적 폐단,
복제약 옹호자들 여전히 득세
—

얼마 전 식품의약품안전처(식약처)에 신고한 것과 다른 성분, 제조 방법으로 의약품을 만들어온 사실이 적발돼 제품의 제조·판매중지 처분을 받은 바이넥스의 경우도 결국 복제약의 문제로 귀결된다. 복제약은 대개 잘 팔리는 오리지널 신약이 특허가 만료될 경우 등장한다.

복제약을 둘러싼 개발 및 생산, 판매 구조는 여느 산업에서는 찾아보기 힘들 정도로 특이하다. 대개 제약사 수십 곳이 비용을 공동으로 분담하고 이 가운데 제약사 1곳이 복제약 개발을 전담한다. 이 복제약이 식약처 허가를 받게 되면 비용을 분담한 제약사 수십 곳은 모두 판권을 확보하게 된다.

복제약에 대한 판권을 획득한 제약사들은 자체 공장이 아닌 다른 제약사 1곳에 생산을 무더기로 위탁한다. 요컨대 자체적인 연구개발을 전혀 하지 않고, 공장이 없이도 일정 자금만 있으면 제약사로서 사업을 벌일 수 있는 셈이다. 바이넥스도 적게는 수 곳에서 많게는 수십 곳의 제약사들을 대신해 복제약을 불법적으로 위탁생산을 하다 적발된 케이스다. 1개 제약사 공장에서 제약사 수십 곳의 복제약을 위탁생산하다 보니 이번처럼 성분이나 제조공정을 허가 사항과 다르게 불법 제조하게 되면 문제가 커질 수밖에 없다. 한 공장에서 생산했지만 서로 다른 상표가 붙은 복제약 수십 개가 폐기 처분 대상이 되는 구조여서다. 일종의 도미노 현상이다.

이런 복제약의 심각한 폐해에도 한국은 여전히 세계에서 가장 많은 종류의 복제약(2만여 개)을 보유하고 있는 '복제약의 절대 강국'으로 자리잡고 있다. 복제약의 폐해는 무시하고 장점을 부각하며 확산을 옹호하는 세력들이 득세하고 있어 당분간 복제약 전성시대는 지속될 것이라는 게 업계의 하소연이다.

복제약 범람하면
신약은 설 자리 잃어
—

복제약 옹호론자들은 복제약이 많아질수록 의약품 가격이 저렴해지고 이는 환자들의 의료 비용을 줄이는 효과를 낸다는 논리를 편다. 국무조정실 산하 규제개혁위원회가 대표적이다. 이 위원회는 2020년 4월 복제약을 줄이기 위해 '1+3' 제도 도입을 추진하던 식약처에게 "경쟁을 제한한다"면서 제도 도입을 포기하게 만든 장본인이다.

'1+3'제도는 복제약을 개발하는 1개 업체당 최대 3개사까지만 공동 참여할 수 있도록 제한하는 제도다. 현행 제도 아래서는 복제약 개발을 위해 공동으로 참여할 수 있는 제약사 숫자에 대한 규제가 없다. 이런 상황에서 이 제도가 도입됐더라면 복제약의 종류는 크게 줄어들 것이 확실했다는 게 업계의 전망이다.

여기에 신약 개발은 형편이 안되고 복제약에만 의존해 연명하고 있는 중소 제약사들도 대표적인 복제약 옹호론자들이다. 복제약이 없으면 생존 자체가 불투명해지기에 이들 중소 제약사는 복제약을 결코 포기할 수 없는 처지다.

복제약 통폐합 문제는 오래되고 뿌리 깊은 고질적인 사안이어서 쉽게 풀 수 있는 성격의 것이 아니다. 하지만 복제약이 번성하는 한 신약 개발을 통한 제약강국으로의 도약은 구호에 그칠 것이라는 게 업계의 공통된 진단이다. 환자의 의약품 비용 부담을 줄이면서도 복제약 종류를 대폭 축소하고 그 자리를 신약들이 대체할 수 있는 '솔로몬의 지혜'가 담긴 정책 전환이 시급하다.

전통 약 전성시대 종말···
기존 제약사들 생존 전략은

　국내 의약품 가운데는 환갑을 훌쩍 넘긴 장수 브랜드들이 여럿 있다. 다른 산업에서는 유례를 찾아보기 힘든 드문 현상이다. 안티푸라민(1933년), 판피린(1961년), 우루사(1961년), 박카스(1961년) 등이 대표적이다. 국내 의약품 가운데 최고령 브랜드는 동화약품의 '까스활명수'다. 이제는 국민 소화제로 자리잡은 까스활명수는 2024년 탄생 127주년을 맞았다.

바이오의약품이 전통 화학의약품
급격 대체 판도 재편
—

<table>
<tr><td>1940년대</td><td>1962년</td><td>1967년</td><td>1971년</td><td>1992년</td><td>2004년</td><td>현재</td></tr>
</table>

국내 최장수 의약품 브랜드인 동화약품의 까스활명수 변천사(사진: 동화약품)

태동한 지 100여 년에 달하는 제약업계는 국내 산업 가운데 가장 유구한 역사를 자랑한다. 오랜 기간 안정적으로 원만하지만 꾸준하게 상향세를 그려온 국내 제약업계의 판도가 최근 들어 송두리째 뒤바뀌고 있다.

안정과 전통을 중시해온 국내 제약산업의 새 판을 짜고 있는 주역은 단연 바이오의약품이 손꼽힌다. 그동안 국내는 물론 세계 의약품산업은 화학의약품이 대세였다. 화학의약품은 화학적 방법으로 합성, 추출, 정제한 의약품을 일컫는다. 이에 비해 바이오의약품은 사람이나 다른 생물체에서 유래한 것을 원료나 재료로 만든 의약품이다.

바이오의약품은 일반적으로 화학의약품보다 비싼 가격에도 약효가 뛰어나고 부작용이 작다는 강점을 내세우며 단기간에 의약품산업의 메인스트림으로 급부상하는 모양새다. 세포치료제, 유전자치료제, 바이오시밀러 등이 대표적인 바이오의약품이다.

국내도 삼바, 셀트리온 등
바이오 신흥 강자 업계 석권
—

세계 의약품 시장규모는 시장조사업체마다 다소 차이가 있지만 2024년 1,800조 원 안팎에 이를 것으로 추산한다. 이 가운데 바이오의약품 시장규모는 700조 원이 넘어설 것으로 보인다. 전체 의약품에서 차지하는 비중이 40%에 달할 것으로 예상된다.

아직까지는 여전히 화학의약품이 전체 의약품에서 차지하는 비중이 절반을 훌쩍 넘어서고 있는 셈이다. 하지만 바이오의약품은 연평균 11% 안팎의 고성장을 거듭하면서 정체 상태를 보이고 있는 화학의약품 분야를 조만간 역전할 것이 확실시된다.

바이오의약품의 가파른 상승세는 특히 국내 제약산업에서 두드러지면서 기존 전통 제약 강자들을 긴장시키고 있다.

국내 바이오의약품의 도약을 이끌고 있는 양대 선봉장은 셀트리온과 삼성바이오로직스다. 양 업체는 매출 성장세가 가팔라 전통 제약사들을 바짝 긴장시키고 있는 형국이다. 2023년 매출을 보면 셀트리온은 2조 1,764억 원, 삼성바이오로직스는 3조 6,964억 원에 달했다. 이 가운데 삼성바이오로직스는 2023년 매출 및 영업이익(1조 1137억 원) 두 분야에서 제약업계 1위에 등극하면서 바이오의약품 전성시대가 도래했음을 만천하에 알렸다.

유한양행, 녹십자, 한미약품, 종근당 등 전통 제약 메이저들도 덩치를 지속적으로 키워나가고 있지만 셀트리온, 삼성바이오로직스 등 신흥 바이오 강자들의 급성장세를 뛰어넘기는 역부족인 상황이다.

제약업에 바이오의약품은
이제 선택 아닌 필수

—

세계 제약산업의 중심축이 기존 화학의약품에서 바이오의약품으로 급격하게 이동하는 상황에서 기존 메이저 제약사들의 흥망성쇠는 이런 큰 변화에 얼마나 선제적으로 대응하느냐가 결정지을 것으로 예상된다. 무엇보다 전통 제약사들에게 그간 바이오의약품 분야는 '선택'이었지만 이제는 생존을 위한 '필수' 사업 분야로 자리잡았다는 것을 간과해서는 안 되는 상황이다.

"강한 자가 살아남는 것이 아니라 살아남는 자가 강한 것이다."

비즈니스 세계에서 자주 인용되는 낯익은 이 '정글의 법칙'은 오늘날 국내 제약업계에도 그대로 적용될 것으로 보인다.

펴낸 날	—	초판 1쇄 발행 2024년 6월 3일
회장·발행인	—	곽재선
대표·편집인	—	이익원
지은이	—	류성 이데일리 바이오플랫폼센터장
진행·편집	—	이데일리 미디어콘텐츠팀
디자인	—	베스트셀러바나나
인쇄	—	엠아이컴
펴낸 곳	—	이데일리
등록	—	제318-2011-00008(2011년 1월 10일)
주소	—	서울시 중구 통일로 92 KG타워 19층
전자우편	—	abrazo@edaily.co.kr
가격	—	29,000원
ISBN	—	979-11-87093-28-2(03320)